JN043547

は　し　が　き

　平成29年3月に告示された中学校学習指導要領が，令和3年度から全面実施されます。

　今回の学習指導要領では，各教科等の目標及び内容が，育成を目指す資質・能力の三つの柱（「知識及び技能」，「思考力，判断力，表現力等」，「学びに向かう力，人間性等」）に沿って再整理され，各教科等でどのような資質・能力の育成を目指すのかが明確化されました。これにより，教師が「子供たちにどのような力が身に付いたか」という学習の成果を的確に捉え，主体的・対話的で深い学びの視点からの授業改善を図る，いわゆる「指導と評価の一体化」が実現されやすくなることが期待されます。

　また，子供たちや学校，地域の実態を適切に把握した上で教育課程を編成し，学校全体で教育活動の質の向上を図る「カリキュラム・マネジメント」についても明文化されました。カリキュラム・マネジメントの一側面として，「教育課程の実施状況を評価してその改善を図っていくこと」がありますが，このためには，教育課程を編成・実施し，学習評価を行い，学習評価を基に教育課程の改善・充実を図るというPDCAサイクルを確立することが重要です。このことも，まさに「指導と評価の一体化」のための取組と言えます。

　このように，「指導と評価の一体化」の必要性は，今回の学習指導要領において，より一層明確なものとなりました。そこで，国立教育政策研究所教育課程研究センターでは，「幼稚園，小学校，中学校，高等学校及び特別支援学校の学習指導要領等の改善及び必要な方策等について（答申）」（平成28年12月21日中央教育審議会）をはじめ，「児童生徒の学習評価の在り方について（報告）」（平成31年1月21日中央教育審議会初等中等教育分科会教育課程部会）や「小学校，中学校，高等学校及び特別支援学校等における児童生徒の学習評価及び指導要録の改善等について」（平成31年3月29日付初等中等教育局長通知）を踏まえ，このたび「『指導と評価の一体化』のための学習評価に関する参考資料」を作成しました。

　本資料では，学習評価の基本的な考え方や，各教科等における評価規準の作成及び評価の実施等について解説しているほか，各教科等別に単元や題材に基づく学習評価について事例を紹介しています。各学校においては，本資料や各教育委員会等が示す学習評価に関する資料などを参考としながら，学習評価を含むカリキュラム・マネジメントを円滑に進めていただくことで，「指導と評価の一体化」を実現し，子供たちに未来の創り手となるために必要な資質・能力が育まれることを期待します。

　最後に，本資料の作成に御協力くださった方々に心から感謝の意を表します。

　令和2年3月

　　　　　　　　　　　　　　　　　　　　　　　　国立教育政策研究所
　　　　　　　　　　　　　　　　　　　　　　　　教育課程研究センター長
　　　　　　　　　　　　　　　　　　　　　　　　　　　笹　井　弘　之

目次

第1編　総説　　　　　　　　　　　　　　　　　　　　　　　　　　　……　　1
　第1章　平成29年改訂を踏まえた学習評価の改善　　　　　　　　　　　……　　3
　　1　はじめに
　　2　平成29年改訂を踏まえた学習評価の意義
　　3　平成29年改訂を受けた評価の観点の整理
　　4　平成29年改訂学習指導要領における各教科の学習評価
　　5　改善等通知における特別の教科 道徳，外国語活動（小学校），総合的な学習の時間，特
　　　別活動の指導要録の記録
　　6　障害のある児童生徒の学習評価について
　　7　評価の方針等の児童生徒や保護者への共有について
　第2章　学習評価の基本的な流れ　　　　　　　　　　　　　　　　　　……　　13
　　1　各教科における評価規準の作成及び評価の実施等について
　　2　総合的な学習の時間における評価規準の作成及び評価の実施等について
　　3　特別活動の「評価の観点」とその趣旨，並びに評価規準の作成及び評価の実施等について
　（参考）　平成23年「評価規準の作成，評価方法等の工夫改善のための参考資料」か　……　　22
　　　　　らの変更点について

第2編　「内容のまとまりごとの評価規準」を作成する際の手順　　　　　……　　25
　　1　特別活動における「評価の観点」とその趣旨について
　　2　中学校特別活動の「内容のまとまり」
　　3　中学校特別活動における「評価の観点」とその趣旨，並びに「内容のまとまりごとの評
　　　価規準」作成の基本的な手順
　　4　中学校特別活動における「評価の観点」とその趣旨，並びに「内容のまとまりごとの評
　　　価規準」作成の具体的な手順

第3編　学習評価について（事例）　　　　　　　　　　　　　　　　　　……　　37
　第1章　特別活動の学習評価を行うに当たっての基本的な考え方　　　　……　　39
　　1　評価の手順
　　2　評価体制の確立
　　3　指導と評価の計画の作成
　　4　多面的・総合的な評価の工夫
　　5　評価機会の工夫
　　6　中学校生徒指導要録における特別活動の記録
　第2章　学習評価に関する事例について　　　　　　　　　　　　　　　……　　42
　　1　事例の特徴
　　2　各事例概要一覧と事例
　　事例1　学級活動(1)の指導と評価の計画から評価の総括まで　　　　……　　44
　　　　「よりよい学級生活をつくろう」
　　　　　　　　　（ア　学級や学校における生活上の諸問題の解決）（第1学年）
　　事例2　学級活動(3)の指導と評価の計画から評価の総括まで　　　　……　　51
　　　　「体験活動を学校生活につなごう」
　　　　　　　　　（ア　社会参画意識の醸成や勤労観・職業観の形成）（第2学年）
　　事例3　生徒会活動の指導と評価の計画から評価の総括まで　　　　　……　　59
　　　　「学校生活を見直そう」
　　　　　　　　　（ア　生徒会の組織づくりと生徒会活動の計画や運営）（全学年）
　　事例4　学校行事の指導と評価の計画から評価の総括まで　　　　　　……　　68
　　　　合唱コンクール「互いのよさを生かそう」（(2)文化的行事）（全学年）

　　資料1　キャリア教育の充実を図る特別活動の実践　　　　　　　　　……　　77
　　資料2　指導に生かす評価　　　　　　　　　　　　　　　　　　　　……　　79

巻末資料 81
- ・ 評価規準，評価方法等の工夫改善に関する調査研究について（平成 31 年 2 月 4 日，国立教育政策研究所長裁定）
- ・ 評価規準，評価方法等の工夫改善に関する調査研究協力者
- ・ 学習指導要領等関係資料について
- ・ 学習評価の在り方ハンドブック（小・中学校編）

※本冊子については，改訂後の常用漢字表（平成 22 年 11 月 30 日内閣告示）に基づいて表記しています。（学習指導要領及び初等中等教育局長通知等の引用部分を除く）

第 1 編

総説

第1編　総説

本編においては，以下の資料について，それぞれ略称を用いることとする。

答申：「幼稚園，小学校，中学校，高等学校及び特別支援学校の学習指導要領等の改善
及び必要な方策等について（答申）」　平成28年12月21日　中央教育審議会

報告：「児童生徒の学習評価の在り方について（報告）」　平成31年1月21日　中央教
育審議会　初等中等教育分科会　教育課程部会

改善等通知：「小学校，中学校，高等学校及び特別支援学校等における児童生徒の学習
評価及び指導要録の改善等について（通知）」　平成31年3月29日　初等中等
教育局長通知

第1章　平成29年改訂を踏まえた学習評価の改善

1　はじめに

　　学習評価は，学校における教育活動に関し，児童生徒の学習状況を評価するものである。答申にもあるとおり，児童生徒の学習状況を的確に捉え，教師が指導の改善を図るとともに，児童生徒が自らの学びを振り返って次の学びに向かうことができるようにするためには，学習評価の在り方が極めて重要である。

　　各教科等の評価については，学習状況を分析的に捉える「観点別学習状況の評価」と「評定」が学習指導要領に定める目標に準拠した評価として実施するものとされている[1]。観点別学習状況の評価とは，学校における児童生徒の学習状況を，複数の観点から，それぞれの観点ごとに分析する評価のことである。児童生徒が各教科等での学習において，どの観点で望ましい学習状況が認められ，どの観点に課題が認められるかを明らかにすることにより，具体的な学習や指導の改善に生かすことを可能とするものである。各学校において目標に準拠した観点別学習状況の評価を行うに当たっては，観点ごとに評価規準を定める必要がある。評価規準とは，観点別学習状況の評価を的確に行うため，学習指導要領に示す目標の実現の状況を判断するよりどころを表現したものである。本参考資料は，観点別学習状況の評価を実施する際に必要となる評価規準等，学習評価を行うに当たって参考となる情報をまとめたものである。

　　以下，文部省指導資料から，評価規準について解説した部分を参考として引用する。

---

[1] 各教科の評価については，観点別学習状況の評価と，これらを総括的に捉える「評定」の両方について実施するものとされており，観点別学習状況の評価や評定には示しきれない児童生徒の一人一人のよい点や可能性，進歩の状況については，「個人内評価」として実施するものとされている。（P.6〜11に後述）

（参考）評価規準の設定（抄）

（文部省「小学校教育課程一般指導資料」（平成5年9月）より）

　新しい指導要録（平成3年改訂）では，観点別学習状況の評価が効果的に行われるようにするために，「各観点ごとに学年ごとの評価規準を設定するなどの工夫を行うこと」と示されています。

　これまでの指導要録においても，観点別学習状況の評価を適切に行うため，「観点の趣旨を学年別に具体化することなどについて工夫を加えることが望ましいこと」とされており，教育委員会や学校では目標の達成の度合いを判断するための基準や尺度などの設定について研究が行われてきました。

　しかし，それらは，ともすれば知識・理解の評価が中心になりがちであり，また「目標を十分達成（＋）」，「目標をおおむね達成（空欄）」及び「達成が不十分（－）」ごとに詳細にわたって設定され，結果としてそれを単に数量的に処理することに陥りがちであったとの指摘がありました。

　今回の改訂においては，学習指導要領が目指す学力観に立った教育の実践に役立つようにすることを改訂方針の一つとして掲げ，各教科の目標に照らしてその実現の状況を評価する観点別学習状況を各教科の学習の評価の基本に据えることとしました。したがって，評価の観点についても，学習指導要領に示す目標との関連を密にして設けられています。

　このように，学習指導要領が目指す学力観に立つ教育と指導要録における評価とは一体のものであるとの考え方に立って，各教科の目標の実現の状況を「関心・意欲・態度」，「思考・判断・表現」，「技能・表現（または技能）」及び「知識・理解」の観点ごとに適切に評価するため，「評価規準を設定する」ことを明確に示しているものです。

　「評価規準」という用語については，先に述べたように，新しい学力観に立って子供たちが自ら獲得し身に付けた資質や能力の質的な面，すなわち，学習指導要領の目標に基づく幅のある資質や能力の育成の実現状況の評価を目指すという意味から用いたものです。

2　平成29年改訂を踏まえた学習評価の意義

（1）学習評価の充実

　　平成29年改訂小・中学校学習指導要領総則においては，学習評価の充実について新たに項目が置かれた。具体的には，学習評価の目的等について以下のように示し，単元や題材など内容や時間のまとまりを見通しながら，児童生徒の主体的・対話的で深い学びの実現に向けた授業改善を行うと同時に，評価の場面や方法を工夫して，学習の過程や成果を評価することを示し，授業の改善と評価の改善を両輪として行っていくことの必要性を明示した。

> ・生徒のよい点や進歩の状況などを積極的に評価し，学習したことの意義や価値を実感できるようにすること。また，各教科等の目標の実現に向けた学習状況を把握する観点から，単元や題材など内容や時間のまとまりを見通しながら評価の場面や方法を工夫して，学習の過程や成果を評価し，指導の改善や学習意欲の向上を図り，資質・能力の育成に生かすようにすること。
> ・創意工夫の中で学習評価の妥当性や信頼性が高められるよう，組織的かつ計画的な取組を推進するとともに，学年や学校段階を越えて生徒の学習の成果が円滑に接続されるように工夫すること。

（中学校学習指導要領第1章総則　第3教育課程の実施と学習評価　2学習評価の充実）
（小学校学習指導要領にも同旨）

（2）カリキュラム・マネジメントの一環としての指導と評価

　　各学校における教育活動の多くは，学習指導要領等に従い児童生徒や地域の実態を踏まえて編成された教育課程の下，指導計画に基づく授業（学習指導）として展開される。各学校では，児童生徒の学習状況を評価し，その結果を児童生徒の学習や教師による指導の改善や学校全体としての教育課程の改善等に生かしており，学校全体として組織的かつ計画的に教育活動の質の向上を図っている。このように，「学習指導」と「学習評価」は学校の教育活動の根幹に当たり，教育課程に基づいて組織的かつ計画的に教育活動の質の向上を図る「カリキュラム・マネジメント」の中核的な役割を担っている。

（3）主体的・対話的で深い学びの視点からの授業改善と評価

　指導と評価の一体化を図るためには，児童生徒一人一人の学習の成立を促すための評価という視点を一層重視し，教師が自らの指導のねらいに応じて授業での児童生徒の学びを振り返り，学習や指導の改善に生かしていくことが大切である。すなわち，平成29年改訂学習指導要領で重視している「主体的・対話的で深い学び」の視点からの授業改善を通して各教科等における資質・能力を確実に育成する上で，学習評価は重要な役割を担っている。

（4）学習評価の改善の基本的な方向性

　（1）～（3）で述べたとおり，学習指導要領改訂の趣旨を実現するためには，学習評価の在り方が極めて重要であり，すなわち，学習評価を真に意味のあるものとし，指導と評価の一体化を実現することがますます求められている。

　このため，報告では，以下のように学習評価の改善の基本的な方向性が示された。

① 児童生徒の学習改善につながるものにしていくこと

② 教師の指導改善につながるものにしていくこと

③ これまで慣行として行われてきたことでも，必要性・妥当性が認められないものは見直していくこと

3　平成29年改訂を受けた評価の観点の整理

　平成29年改訂学習指導要領においては，知・徳・体にわたる「生きる力」を児童生徒に育むために「何のために学ぶのか」という各教科等を学ぶ意義を共有しながら，授業の創意工夫や教科書等の教材の改善を引き出していくことができるようにするため，全ての教科等の目標及び内容を「知識及び技能」，「思考力，判断力，表現力等」，「学びに向かう力，人間性等」の育成を目指す資質・能力の三つの柱で再整理した（図1参照）。知・徳・体のバランスのとれた「生きる力」を育むことを目指すに当たっては，各教科等の指導を通してどのような資質・能力の育成を目指すのかを明確にしながら教育活動の充実を図ること，その際には，児童生徒の発達の段階や特性を踏まえ，資質・能力の三つの柱の育成がバランスよく実現できるよう留意する必要がある。

図1

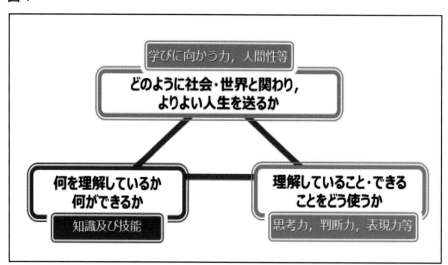

　観点別学習状況の評価については，こうした教育目標や内容の再整理を踏まえて，小・中・高等学校の各教科を通じて，4観点から3観点に整理された。（図2参照）

図2

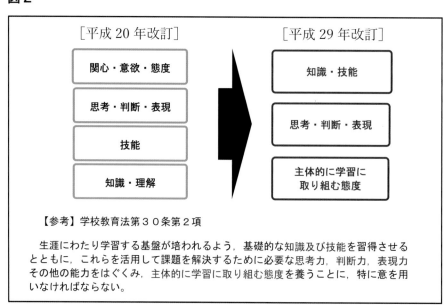

4　平成29年改訂学習指導要領における各教科の学習評価

　各教科の学習評価においては，平成29年改訂においても，学習状況を分析的に捉える「観点別学習状況の評価」と，これらを総括的に捉える「評定」の両方について，学習指導要領に定める目標に準拠した評価として実施するものとされた。改善等通知では，以下のように示されている。

【小学校児童指導要録】

［各教科の学習の記録］

Ⅰ　観点別学習状況

　学習指導要領に示す各教科の目標に照らして，その実現状況を観点ごとに評価し記入する。その際，

　　　「十分満足できる」状況と判断されるもの：A

　　　「おおむね満足できる」状況と判断されるもの：B

　　　「努力を要する」状況と判断されるもの：C

　のように区別して評価を記入する。

Ⅱ　評定（第3学年以上）

　各教科の評定は，学習指導要領に示す各教科の目標に照らして，その実現状況を，

　　　「十分満足できる」状況と判断されるもの：3

　　　「おおむね満足できる」状況と判断されるもの：2

　　　「努力を要する」状況と判断されるもの：1

　のように区別して評価を記入する。

　評定は各教科の学習の状況を総括的に評価するものであり，「観点別学習状況」において掲げられた観点は，分析的な評価を行うものとして，各教科の評定を行う場合において基本的な要素となるものであることに十分留意する。その際，評定の適切な決定方法等については，各学校において定める。

【中学校生徒指導要録】

（学習指導要領に示す必修教科の取扱いは次のとおり）

［各教科の学習の記録］

Ⅰ　観点別学習状況（小学校児童指導要録と同じ）

　学習指導要領に示す各教科の目標に照らして，その実現状況を観点ごとに評価し記入する。その際，

　　　「十分満足できる」状況と判断されるもの：A

　　　「おおむね満足できる」状況と判断されるもの：B

　　　「努力を要する」状況と判断されるもの：C

　のように区別して評価を記入する。

Ⅱ　評定

　各教科の評定は，学習指導要領に示す各教科の目標に照らして，その実現状況を，

「十分満足できるもののうち，特に程度が高い」状況と判断されるもの：5

「十分満足できる」状況と判断されるもの：4

「おおむね満足できる」状況と判断されるもの：3

「努力を要する」状況と判断されるもの：2

「一層努力を要する」状況と判断されるもの：1

のように区別して評価を記入する。

　評定は各教科の学習の状況を総括的に評価するものであり，「観点別学習状況」において掲げられた観点は，分析的な評価を行うものとして，各教科の評定を行う場合において基本的な要素となるものであることに十分留意する。その際，評定の適切な決定方法等については，各学校において定める。

　また，観点別学習状況の評価や評定には示しきれない児童生徒一人一人のよい点や可能性，進歩の状況については，「個人内評価」として実施するものとされている。改善等通知においては，「観点別学習状況の評価になじまず個人内評価の対象となるものについては，児童生徒が学習したことの意義や価値を実感できるよう，日々の教育活動等の中で児童生徒に伝えることが重要であること。特に『学びに向かう力，人間性等』のうち『感性や思いやり』など児童生徒一人一人のよい点や可能性，進歩の状況などを積極的に評価し児童生徒に伝えることが重要であること。」と示されている。

　「3　平成29年改訂を受けた評価の観点の整理」も踏まえて各教科における評価の基本構造を図示化すると，以下のようになる。（図3参照）

図3

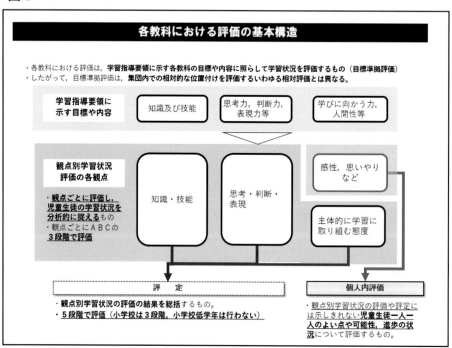

　上記の，「各教科における評価の基本構造」を踏まえた3観点の評価それぞれについて

の考え方は，以下の（1）～（3）のとおりとなる。なお，この考え方は，外国語活動（小学校），総合的な学習の時間，特別活動においても同様に考えることができる。

（1）「知識・技能」の評価について

「知識・技能」の評価は，各教科等における学習の過程を通した知識及び技能の習得状況について評価を行うとともに，それらを既有の知識及び技能と関連付けたり活用したりする中で，他の学習や生活の場面でも活用できる程度に概念等を理解したり，技能を習得したりしているかについても評価するものである。

「知識・技能」におけるこのような考え方は，従前の「知識・理解」（各教科等において習得すべき知識や重要な概念等を理解しているかを評価），「技能」（各教科等において習得すべき技能を身に付けているかを評価）においても重視してきたものである。

具体的な評価の方法としては，ペーパーテストにおいて，事実的な知識の習得を問う問題と，知識の概念的な理解を問う問題とのバランスに配慮するなどの工夫改善を図るとともに，例えば，児童生徒が文章による説明をしたり，各教科等の内容の特質に応じて，観察・実験したり，式やグラフで表現したりするなど，実際に知識や技能を用いる場面を設けるなど，多様な方法を適切に取り入れていくことが考えられる。

（2）「思考・判断・表現」の評価について

「思考・判断・表現」の評価は，各教科等の知識及び技能を活用して課題を解決する等のために必要な思考力，判断力，表現力等を身に付けているかを評価するものである。

「思考・判断・表現」におけるこのような考え方は，従前の「思考・判断・表現」の観点においても重視してきたものである。「思考・判断・表現」を評価するためには，教師は「主体的・対話的で深い学び」の視点からの授業改善を通じ，児童生徒が思考・判断・表現する場面を効果的に設計した上で，指導・評価することが求められる。

具体的な評価の方法としては，ペーパーテストのみならず，論述やレポートの作成，発表，グループでの話合い，作品の制作や表現等の多様な活動を取り入れたり，それらを集めたポートフォリオを活用したりするなど評価方法を工夫することが考えられる。

（3）「主体的に学習に取り組む態度」の評価について

答申において「学びに向かう力，人間性等」には，①「主体的に学習に取り組む態度」として観点別学習状況の評価を通じて見取ることができる部分と，②観点別学習状況の評価や評定にはなじまず，こうした評価では示しきれないことから個人内評価を通じて見取る部分があることに留意する必要があるとされている。すなわち，②については観点別学習状況の評価の対象外とする必要がある。

「主体的に学習に取り組む態度」の評価に際しては，単に継続的な行動や積極的な発言を行うなど，性格や行動面の傾向を評価するということではなく，各教科等の「主体的に学習に取り組む態度」に係る観点の趣旨に照らして，知識及び技能を習得したり，

思考力，判断力，表現力等を身に付けたりするために，自らの学習状況を把握し，学習の進め方について試行錯誤するなど自らの学習を調整しながら，学ぼうとしているかどうかという意思的な側面を評価することが重要である。

従前の「関心・意欲・態度」の観点も，各教科等の学習内容に関心をもつことのみならず，よりよく学ぼうとする意欲をもって学習に取り組む態度を評価するという考え方に基づいたものであり，この点を「主体的に学習に取り組む態度」として改めて強調するものである。

本観点に基づく評価は，「主体的に学習に取り組む態度」に係る各教科等の評価の観点の趣旨に照らして，

① 知識及び技能を獲得したり，思考力，判断力，表現力等を身に付けたりすることに向けた粘り強い取組を行おうとしている側面

② ①の粘り強い取組を行う中で，自らの学習を調整しようとする側面

という二つの側面を評価することが求められる[2]。（図4参照）

ここでの評価は，児童生徒の学習の調整が「適切に行われているか」を必ずしも判断するものではなく，学習の調整が知識及び技能の習得などに結び付いていない場合には，教師が学習の進め方を適切に指導することが求められる。

具体的な評価の方法としては，ノートやレポート等における記述，授業中の発言，教師による行動観察や児童生徒による自己評価や相互評価等の状況を，教師が評価を行う際に考慮する材料の一つとして用いることなどが考えられる。

図4

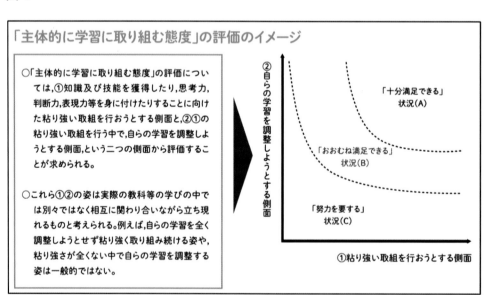

_____

[2] これら①②の姿は実際の教科等の学びの中では別々ではなく相互に関わり合いながら立ち現れるものと考えられることから，実際の評価の場面においては，双方の側面を一体的に見取ることも想定される。例えば，自らの学習を全く調整しようとせず粘り強く取り組み続ける姿や，粘り強さが全くない中で自らの学習を調整する姿は一般的ではない。

　なお，学習指導要領の「2　内容」に記載のない「主体的に学習に取り組む態度」の評価については，後述する第2章1（2）を参照のこと[3]。

5　改善等通知における特別の教科　道徳，外国語活動（小学校），総合的な学習の時間，特別活動の指導要録の記録

　改善等通知においては，各教科の学習の記録とともに，以下の（1）～（4）の各教科等の指導要録における学習の記録について以下のように示されている。

（1）特別の教科　道徳について

　中学校等については，改善等通知別紙2に，「道徳の評価については，28文科初第604号「学習指導要領の一部改正に伴う小学校，中学校及び特別支援学校小学部・中学部における児童生徒の学習評価及び指導要録の改善等について（通知）」に基づき，学習活動における生徒の学習状況や道徳性に係る成長の様子を個人内評価として文章で端的に記述する」こととされている（小学校等についても別紙1に同旨）。

（2）外国語活動について（小学校）

　改善等通知には，「外国語活動の記録については，評価の観点を記入した上で，それらの観点に照らして，児童の学習状況に顕著な事項がある場合にその特徴を記入する等，児童にどのような力が身に付いたかを文章で端的に記述すること」とされている。また，「評価の観点については，設置者は，小学校学習指導要領等に示す外国語活動の目標を踏まえ，改善等通知別紙4を参考に設定する」こととされている。

（3）総合的な学習の時間について

　中学校等については，改善等通知別紙2に，「総合的な学習の時間の記録については，この時間に行った学習活動及び各学校が自ら定めた評価の観点を記入した上で，それらの観点のうち，生徒の学習状況に顕著な事項がある場合などにその特徴を記入する等，生徒にどのような力が身に付いたかを文章で端的に記述すること」とされている。また，「評価の観点については，各学校において具体的に定めた目標，内容に基づいて別紙4を参考に定めること」とされている（小学校等についても別紙1に同旨）。

---

[3] 各教科等によって，評価の対象に特性があることに留意する必要がある。例えば，体育・保健体育科の運動に関する領域においては，公正や協力などを，育成する「態度」として学習指導要領に位置付けており，各教科等の目標や内容に対応した学習評価が行われることとされている。

（4）特別活動について

　中学校等については，改善等通知別紙2に，「特別活動の記録については，各学校が自ら定めた特別活動全体に係る評価の観点を記入した上で，各活動・学校行事ごとに，評価の観点に照らして十分満足できる活動の状況にあると判断される場合に，〇印を記入する」とされている。また，「評価の観点については，学習指導要領等に示す特別活動の目標を踏まえ，各学校において改善等通知別紙4を参考に定める。その際，特別活動の特質や学校として重点化した内容を踏まえ，例えば『主体的に生活や人間関係をよりよくしようとする態度』などのように，より具体的に定めることも考えられる。記入に当たっては，特別活動の学習が学校や学級における集団活動や生活を対象に行われるという特質に留意する」とされている（小学校等についても別紙1に同旨）。

　なお，特別活動は学級担任以外の教師が指導する活動が多いことから，評価体制を確立し，共通理解を図って，児童生徒のよさや可能性を多面的・総合的に評価するとともに，確実に資質・能力が育成されるよう指導の改善に生かすことが求められる。

6　障害のある児童生徒の学習評価について

　学習評価に関する基本的な考え方は，障害のある児童生徒の学習評価についても変わるものではない。

　障害のある児童生徒については，特別支援学校等の助言又は援助を活用しつつ，個々の児童生徒の障害の状態や特性及び心身の発達の段階に応じた指導内容や指導方法の工夫を行い，その評価を適切に行うことが必要である。また，指導内容や指導方法の工夫については，学習指導要領の各教科の「指導計画の作成と内容の取扱い」の「指導計画作成上の配慮事項」の「障害のある児童生徒への配慮についての事項」についての学習指導要領解説も参考となる。

7　評価の方針等の児童生徒や保護者への共有について

　学習評価の妥当性や信頼性を高めるとともに，児童生徒自身に学習の見通しをもたせるために，学習評価の方針を事前に児童生徒と共有する場面を必要に応じて設けることが求められており，児童生徒に評価の結果をフィードバックする際にも，どのような方針によって評価したのかを改めて児童生徒に共有することも重要である。

　また，新学習指導要領下での学習評価の在り方や基本方針等について，様々な機会を捉えて保護者と共通理解を図ることが非常に重要である。

第2章 学習評価の基本的な流れ

1 各教科における評価規準の作成及び評価の実施等について

（1）目標と観点の趣旨との対応関係について

　　評価規準の作成に当たっては，各学校の実態に応じて目標に準拠した評価を行うために，「評価の観点及びその趣旨[4]」が各教科等の目標を踏まえて作成されていること，また同様に，「学年別（又は分野別）の評価の観点の趣旨[5]」が学年（又は分野）の目標を踏まえて作成されていることを確認することが必要である。

　　なお，「主体的に学習に取り組む態度」の観点は，教科等及び学年（又は分野）の目標の（3）に対応するものであるが，観点別学習状況の評価を通じて見取ることができる部分をその内容として整理し，示していることを確認することが必要である。（図5，6参照）

図5

【学習指導要領「教科の目標」】

学習指導要領　各教科等の「第1　目標」

(1)	(2)	(3)
（知識及び技能に関する目標）	（思考力，判断力，表現力等に関する目標）	（学びに向かう力，人間性等に関する目標）[6]

【改善等通知「評価の観点及びその趣旨」】

改善等通知　別紙4　評価の観点及びその趣旨

観点	知識・技能	思考・判断・表現	主体的に学習に取り組む態度
趣旨	（知識・技能の観点の趣旨）	（思考・判断・表現の観点の趣旨）	（主体的に学習に取り組む態度の観点の趣旨）

---

[4] 各教科等の学習指導要領の目標の規定を踏まえ，観点別学習状況の評価の対象とするものについて整理したものが教科等の観点の趣旨である。

[5] 各学年（又は分野）の学習指導要領の目標を踏まえ，観点別学習状況の評価の対象とするものについて整理したものが学年別（又は分野別）の観点の趣旨である。

[6] 学びに向かう力，人間性等に関する目標には，個人内評価として実施するものも含まれている。（P.8図3参照）※学年（又は分野）の目標についても同様である。

図6

【学習指導要領「学年（又は分野）の目標」】

学習指導要領　各教科等の「第2　各学年の目標及び内容」の学年ごとの「1　目標」

(1)	(2)	(3)
（知識及び技能に関する目標）	（思考力，判断力，表現力等に関する目標）	（学びに向かう力，人間性等に関する目標）

【改善等通知　別紙4「学年別（又は分野別）の評価の観点の趣旨」】

観点	知識・技能	思考・判断・表現	主体的に学習に取り組む態度
趣旨	（知識・技能の観点の趣旨）	（思考・判断・表現の観点の趣旨）	（主体的に学習に取り組む態度の観点の趣旨）

（2）「内容のまとまりごとの評価規準」とは

　　本参考資料では，評価規準の作成等について示す。具体的には，学習指導要領の規定から「内容のまとまりごとの評価規準」を作成する際の手順を示している。ここでの「内容のまとまり」とは，学習指導要領に示す各教科等の「第2　各学年の目標及び内容　2　内容」の項目等をそのまとまりごとに細分化したり整理したりしたものである[7]。平成29年改訂学習指導要領においては資質・能力の三つの柱に基づく構造化が行われたところであり，基本的には，学習指導要領に示す各教科等の「第2　各学年（分野）の目標及び内容」の「2　内容」において[8]，「内容のまとまり」ごとに育成を目指す資質・

---

[7] 各教科等の学習指導要領の「第3　指導計画の作成と内容の取扱い」1(1)に「単元（題材）などの内容や時間のまとまり」という記載があるが，この「内容や時間のまとまり」と，本参考資料における「内容のまとまり」は同義ではないことに注意が必要である。前者は，主体的・対話的で深い学びを実現するため，主体的に学習に取り組めるよう学習の見通しを立てたり学習したことを振り返ったりして自身の学びや変容を自覚できる場面をどこに設定するか，対話によって自分の考えなどを広げたり深めたりする場面をどこに設定するか，学びの深まりをつくりだすために，児童生徒が考える場面と教師が教える場面をどのように組み立てるか，といった視点による授業改善は，1単位時間の授業ごとに考えるのではなく，単元や題材などの一定程度のまとまりごとに検討されるべきであることが示されたものである。後者（本参考資料における「内容のまとまり」）については，本文に述べるとおりである。

[8] 小学校家庭においては，「第2　各学年の内容」，「1　内容」，小学校外国語・外国語活動，中学校外国語においては，「第2　各言語の目標及び内容等」，「1　目標」である。

能力が示されている。このため，「2　内容」の記載はそのまま学習指導の目標となりうるものである[9]。学習指導要領の目標に照らして観点別学習状況の評価を行うに当たり，児童生徒が資質・能力を身に付けた状況を表すために，「2　内容」の記載事項の文末を「〜すること」から「〜している」と変換したもの等を，本参考資料において「内容のまとまりごとの評価規準」と呼ぶこととする[10]。

　　ただし，「主体的に学習に取り組む態度」に関しては，特に，児童生徒の学習への継続的な取組を通して現れる性質を有すること等から[11]，「2　内容」に記載がない[12]。そのため，各学年（又は分野）の「1　目標」を参考にしつつ，必要に応じて，改善等通知別紙4に示された学年（又は分野）別の評価の観点の趣旨のうち「主体的に学習に取り組む態度」に関わる部分を用いて「内容のまとまりごとの評価規準」を作成する必要がある。

　　なお，各学校においては，「内容のまとまりごとの評価規準」の考え方を踏まえて，学習評価を行う際の評価規準を作成する。

（3）「内容のまとまりごとの評価規準」を作成する際の基本的な手順

　　各教科における，「内容のまとまりごとの評価規準」を作成する際の基本的な手順は以下のとおりである。

　　学習指導要領に示された教科及び学年（又は分野）の目標を踏まえて，「評価の観点及びその趣旨」が作成されていることを理解した上で，

　① 各教科における「内容のまとまり」と「評価の観点」との関係を確認する。

　② 【観点ごとのポイント】を踏まえ，「内容のまとまりごとの評価規準」を作成する。

---

[9] 「2　内容」において示されている指導事項等を整理することで「内容のまとまり」を構成している教科もある。この場合は，整理した資質・能力をもとに，構成された「内容のまとまり」に基づいて学習指導の目標を設定することとなる。また，目標や評価規準の設定は，教育課程を編成する主体である各学校が，学習指導要領に基づきつつ児童生徒や学校，地域の実情に応じて行うことが必要である。

[10] 小学校家庭，中学校技術・家庭（家庭分野）については，学習指導要領の目標及び分野の目標の（2）に思考力・判断力・表現力等の育成に係る学習過程が記載されているため，これらを踏まえて「内容のまとまりごとの評価規準」を作成する必要がある。

[11] 各教科等の特性によって単元や題材など内容や時間のまとまりはさまざまであることから，評価を行う際は，それぞれの実現状況が把握できる段階について検討が必要である。

[12] 各教科等によって，評価の対象に特性があることに留意する必要がある。例えば，体育・保健体育科の運動に関する領域においては，公正や協力などを，育成する「態度」として学習指導要領に位置付けており，各教科等の目標や内容に対応した学習評価が行われることとされている。

①，②については，第2編において詳述する。同様に，【観点ごとのポイント】についても，第2編に各教科等において示している。

（4）評価の計画を立てることの重要性

学習指導のねらいが児童生徒の学習状況として実現されたかについて，評価規準に照らして観察し，毎時間の授業で適宜指導を行うことは，育成を目指す資質・能力を児童生徒に育むためには不可欠である。その上で，評価規準に照らして，観点別学習状況の評価をするための記録を取ることになる。そのためには，いつ，どのような方法で，児童生徒について観点別学習状況を評価するための記録を取るのかについて，評価の計画を立てることが引き続き大切である。

毎時間児童生徒全員について記録を取り，総括の資料とするために蓄積することは現実的ではないことからも，児童生徒全員の学習状況を記録に残す場面を精選し，かつ適切に評価するための評価の計画が一層重要になる。

（5）観点別学習状況の評価に係る記録の総括

適切な評価の計画の下に得た，児童生徒の観点別学習状況の評価に係る記録の総括の時期としては，単元（題材）末，学期末，学年末等の節目が考えられる。

総括を行う際，観点別学習状況の評価に係る記録が，観点ごとに複数ある場合は，例えば，次のような方法が考えられる。

- **評価結果のＡ，Ｂ，Ｃの数を基に総括する場合**

  何回か行った評価結果のＡ，Ｂ，Ｃの数が多いものが，その観点の学習の実施状況を最もよく表現しているとする考え方に立つ総括の方法である。例えば，3回評価を行った結果が「ＡＢＢ」ならばＢと総括することが考えられる。なお，「ＡＡＢＢ」の総括結果をＡとするかＢとするかなど，同数の場合や三つの記号が混在する場合の総括の仕方をあらかじめ各学校において決めておく必要がある。

- **評価結果のＡ，Ｂ，Ｃを数値に置き換えて総括する場合**

  何回か行った評価結果Ａ，Ｂ，Ｃを，例えばＡ＝3，Ｂ＝2，Ｃ＝1のように数値によって表し，合計したり平均したりする総括の方法である。例えば，総括の結果をＢとする範囲を［2.5≧平均値≧1.5］とすると，「ＡＢＢ」の平均値は，約2.3［（3＋2＋2）÷3］で総括の結果はＢとなる。

なお，評価の各節目のうち特定の時点に重きを置いて評価を行う場合など，この例のような平均値による方法以外についても様々な総括の方法が考えられる。

（6）観点別学習状況の評価の評定への総括

評定は，各教科の観点別学習状況の評価を総括した数値を示すものである。評定は，児童生徒がどの教科の学習に望ましい学習状況が認められ，どの教科の学習に課題が

認められるのかを明らかにすることにより，教育課程全体を見渡した学習状況の把握と指導や学習の改善に生かすことを可能とするものである。

評定への総括は，学期末や学年末などに行われることが多い。学年末に評定へ総括する場合には，学期末に総括した評定の結果を基にする場合と，学年末に観点ごとに総括した結果を基にする場合が考えられる。

観点別学習状況の評価の評定への総括は，各観点の評価結果をＡ，Ｂ，Ｃの組合せ，又は，Ａ，Ｂ，Ｃを数値で表したものに基づいて総括し，その結果を小学校では３段階，中学校では５段階で表す。

Ａ，Ｂ，Ｃの組合せから評定に総括する場合，各観点とも同じ評価がそろう場合は，小学校については，「ＢＢＢ」であれば２を基本としつつ，「ＡＡＡ」であれば３，「ＣＣＣ」であれば１とするのが適当であると考えられる。中学校については，「ＢＢＢ」であれば３を基本としつつ，「ＡＡＡ」であれば５又は４，「ＣＣＣ」であれば２又は１とするのが適当であると考えられる。それ以外の場合は，各観点のＡ，Ｂ，Ｃの数の組合せから適切に評定することができるようあらかじめ各学校において決めておく必要がある。

なお，観点別学習状況の評価結果は，「十分満足できる」状況と判断されるものをＡ，「おおむね満足できる」状況と判断されるものをＢ，「努力を要する」状況と判断されるものをＣのように表されるが，そこで表された学習の実現状況には幅があるため，機械的に評定を算出することは適当ではない場合も予想される。

また，評定は，小学校については，小学校学習指導要領等に示す各教科の目標に照らして，その実現状況を「十分満足できる」状況と判断されるものを３，「おおむね満足できる」状況と判断されるものを２，「努力を要する」状況と判断されるものを１，中学校については，中学校学習指導要領等に示す各教科の目標に照らして，その実現状況を「十分満足できるもののうち，特に程度が高い」状況と判断されるものを５，「十分満足できる」状況と判断されるものを４，「おおむね満足できる」状況と判断されるものを３，「努力を要する」状況と判断されるものを２，「一層努力を要する」状況と判断されるものを１という数値で表される。しかし，この数値を児童生徒の学習状況について三つ（小学校）又は五つ（中学校）に分類したものとして捉えるのではなく，常にこの結果の背景にある児童生徒の具体的な学習の実現状況を思い描き，適切に捉えることが大切である。評定への総括に当たっては，このようなことも十分に検討する必要がある[13]。

なお，各学校では観点別学習状況の評価の観点ごとの総括及び評定への総括の考え

---

[13] 改善等通知では，「評定は各教科の学習の状況を総括的に評価するものであり，『観点別学習状況』において掲げられた観点は，分析的な評価を行うものとして，各教科の評定を行う場合において基本的な要素となるものであることに十分留意する。その際，評定の適切な決定方法等については，各学校において定める。」と示されている。（P.7，8参照）

方や方法について，教師間で共通理解を図り，児童生徒及び保護者に十分説明し理解を得ることが大切である。

2　総合的な学習の時間における評価規準の作成及び評価の実施等について
（1）総合的な学習の時間の「評価の観点」について

　平成29年改訂学習指導要領では，各教科等の目標や内容を「知識及び技能」，「思考力，判断力，表現力等」，「学びに向かう力，人間性等」の資質・能力の三つの柱で再整理しているが，このことは総合的な学習の時間においても同様である。

　総合的な学習の時間においては，学習指導要領が定める目標を踏まえて各学校が目標や内容を設定するという総合的な学習の時間の特質から，各学校が観点を設定するという枠組みが維持されている。一方で，各学校が目標や内容を定める際には，学習指導要領において示された以下について考慮する必要がある。

【各学校において定める目標】
・　各学校において定める目標については，各学校における教育目標を踏まえ，総合的な学習の時間を通して育成を目指す資質・能力を示すこと。　　　（第2の3(1)）

　総合的な学習の時間を通して育成を目指す資質・能力を示すとは，各学校における教育目標を踏まえて，各学校において定める目標の中に，この時間を通して育成を目指す資質・能力を，三つの柱に即して具体的に示すということである。

【各学校において定める内容】
・　探究課題の解決を通して育成を目指す具体的な資質・能力については，次の事項に配慮すること。
　ア　知識及び技能については，他教科等及び総合的な学習の時間で習得する知識及び技能が相互に関連付けられ，社会の中で生きて働くものとして形成されるようにすること。
　イ　思考力，判断力，表現力等については，課題の設定，情報の収集，整理・分析，まとめ・表現などの探究的な学習の過程において発揮され，未知の状況において活用できるものとして身に付けられるようにすること。
　ウ　学びに向かう力，人間性等については，自分自身に関すること及び他者や社会との関わりに関することの両方の視点を踏まえること。　　（第2の3(6)）

　各学校において定める内容について，今回の改訂では新たに，「目標を実現するにふさわしい探究課題」，「探究課題の解決を通して育成を目指す具体的な資質・能力」の二つを定めることが示された。「探究課題の解決を通して育成を目指す具体的な資質・能力」とは，各学校において定める目標に記された資質・能力を，各探究課題に即して具体的に示したものであり，教師の適切な指導の下，児童生徒が各探究課題の解決に取り組む中で，育成することを目指す資質・能力のことである。この具体的な資質・能力も，「知識及び技能」，「思考力，判断力，表現力等」，「学びに向かう力，人間性等」という

資質・能力の三つの柱に即して設定していくことになる。

このように，各学校において定める目標と内容には，三つの柱に沿った資質・能力が明示されることになる。

したがって，資質・能力の三つの柱で再整理した新学習指導要領の下での指導と評価の一体化を推進するためにも，評価の観点についてこれらの資質・能力に関わる「知識・技能」，「思考・判断・表現」，「主体的に学習に取り組む態度」の3観点に整理し示したところである。

（2）総合的な学習の時間の「内容のまとまり」の考え方

学習指導要領の第2の2では，「各学校においては，第1の目標を踏まえ，各学校の総合的な学習の時間の内容を定める。」とされており，各教科のようにどの学年で何を指導するのかという内容を明示していない。これは，各学校が，学習指導要領が定める目標の趣旨を踏まえて，地域や学校，児童生徒の実態に応じて，創意工夫を生かした内容を定めることが期待されているからである。

この内容の設定に際しては，前述したように「目標を実現するにふさわしい探究課題」，「探究課題の解決を通して育成を目指す具体的な資質・能力」の二つを定めることが示され，探究課題としてどのような対象と関わり，その探究課題の解決を通して，どのような資質・能力を育成するのかが内容として記述されることになる。（図7参照）

図7

各学校において定める**内容**		
目標を実現するにふさわしい **探究課題**	探究課題の解決を通して育成を目指す **具体的な資質・能力**	

例	現代的な諸課題に対応する **横断的・総合的な課題**（国際理解，情報，環境，福祉・健康など）	知識及び技能	思考力，判断力，表現力等	学びに向かう力，人間性等
	地域や学校の特色に応じた課題（地域の人々の暮らし，伝統と文化など）	他教科等及び総合的な学習の時間で習得する知識及び技能が相互に関連付けられ，社会の中で生きて働くものとして形成されるようにする	探究的な学習の過程において発揮され，未知の状況において活用できるものとして身に付けられるようにする	自分自身に関すること及び他者や社会との関わりに関することの両方の視点を踏まえる
	児童生徒の興味・関心に基づく課題			

本参考資料第1編第2章の1（2）では，「内容のまとまり」について，「学習指導要領に示す各教科等の『第2　各学年の目標及び内容　2　内容』の項目等をそのまとまりごとに細分化したり整理したりしたもので，『内容のまとまり』ごとに育成を目指す資質・能力が示されている」と説明されている。

したがって，総合的な学習の時間における「内容のまとまり」とは，全体計画に示した「目標を実現するにふさわしい探究課題」のうち，一つ一つの探究課題とその探究課題に応じて定めた具体的な資質・能力と考えることができる。

（3）「内容のまとまりごとの評価規準」を作成する際の基本的な手順

　　総合的な学習の時間における，「内容のまとまりごとの評価規準」を作成する際の基本的な手順は以下のとおりである。

---

① 各学校において定めた目標（第2の1）と「評価の観点及びその趣旨」を確認する。

---

② 各学校において定めた内容の記述（「内容のまとまり」として探究課題ごとに作成した「探究課題の解決を通して育成を目指す具体的な資質・能力」）が，観点ごとにどのように整理されているかを確認する。

---

③【観点ごとのポイント】を踏まえ，「内容のまとまりごとの評価規準」を作成する。

3　特別活動の「評価の観点」とその趣旨，並びに評価規準の作成及び評価の実施等について

（1）特別活動の「評価の観点」とその趣旨について

　　特別活動においては，改善等通知において示されたように，特別活動の特質と学校の創意工夫を生かすということから，設置者ではなく，「各学校で評価の観点を定める」ものとしている。本参考資料では「評価の観点」とその趣旨の設定について示している。

（2）特別活動の「内容のまとまり」

　　小学校においては，学習指導要領の内容の〔学級活動〕「（1）学級や学校における生活づくりへの参画」，「（2）日常の生活や学習への適応と自己の成長及び健康安全」，「（3）一人一人のキャリア形成と自己実現」，〔児童会活動〕，〔クラブ活動〕，〔学校行事〕（1）儀式的行事，（2）文化的行事，（3）健康安全・体育的行事，（4）遠足・集団宿泊的行事，（5）勤労生産・奉仕的行事を「内容のまとまり」とした。

　　中学校においては，学習指導要領の内容の〔学級活動〕「（1）学級や学校における生活づくりへの参画」，「（2）日常の生活や学習への適応と自己の成長及び健康安全」，「（3）一人一人のキャリア形成と自己実現」，〔生徒会活動〕，〔学校行事〕（1）儀式的行事，（2）文化的行事，（3）健康安全・体育的行事，（4）旅行・集団宿泊的行事，（5）勤労生産・奉仕的行事を「内容のまとまり」とした。

（3）特別活動の「評価の観点」とその趣旨，並びに「内容のまとまりごとの評価規準」を作成する際の基本的な手順

　　各学校においては，学習指導要領に示された特別活動の目標及び内容を踏まえ，自校の実態に即し，改善等通知の例示を参考に観点を作成する。その際，例えば，特別活動の特質や学校として重点化した内容を踏まえて，具体的な観点を設定することが考えられる。

　また，学習指導要領解説では，各活動・学校行事の内容ごとに育成を目指す資質・能力が例示されている。そこで，学習指導要領で示された「各活動・学校行事の目標」及び学習指導要領解説で例示された「資質・能力」を確認し，各学校の実態に合わせて育成を目指す資質・能力を重点化して設定する。

　次に，各学校で設定した，各活動・学校行事で育成を目指す資質・能力を踏まえて，「内容のまとまりごとの評価規準」を作成する。その際，小学校の学級活動においては，学習指導要領で示した「各学年段階における配慮事項」や，学習指導要領解説に示した「発達の段階に即した指導のめやす」を踏まえて，低・中・高学年ごとに評価規準を作成することが考えられる。基本的な手順は以下のとおりである。

① 学習指導要領の「特別活動の目標」と改善等通知を確認する。
② 学習指導要領の「特別活動の目標」と自校の実態を踏まえ，改善等通知の例示を参考に，特別活動の「評価の観点」とその趣旨を設定する。
③ 学習指導要領の「各活動・学校行事の目標」及び学習指導要領解説特別活動編（平成29年7月）で例示した「各活動・学校行事における育成を目指す資質・能力」を参考に，各学校において育成を目指す資質・能力を重点化して設定する。
④ 【観点ごとのポイント】を踏まえ，「内容のまとまりごとの評価規準」を作成する。

（参考）平成 23 年「評価規準の作成，評価方法等の工夫改善のための参考資料」からの変更点について

　今回作成した本参考資料は，平成 23 年の「評価規準の作成，評価方法等の工夫改善のための参考資料」を踏襲するものであるが，以下のような変更点があることに留意が必要である[14]。

　まず，平成 23 年の参考資料において使用していた「評価規準に盛り込むべき事項」や「評価規準の設定例」については，報告において「現行の参考資料のように評価規準を詳細に示すのではなく，各教科等の特質に応じて，学習指導要領の規定から評価規準を作成する際の手順を示すことを基本とする」との指摘を受け，第 2 編において示すことを改め，本参考資料の第 3 編における事例の中で，各教科等の事例に沿った評価規準を例示したり，その作成手順等を紹介したりする形に改めている。

　次に，本参考資料の第 2 編に示す「内容のまとまりごとの評価規準」は，平成 23 年の「評価規準の作成，評価方法等の工夫改善のための参考資料」において示した「評価規準に盛り込むべき事項」と作成の手順を異にする。具体的には，「評価規準に盛り込むべき事項」は，平成 20 年改訂学習指導要領における各教科等の目標，各学年（又は分野）の目標及び内容の記述を基に，学習評価及び指導要録の改善通知で示している各教科等の評価の観点及びその趣旨，学年（又は分野）別の評価の観点の趣旨を踏まえて作成したものである。

　また，平成 23 年の参考資料では「評価規準に盛り込むべき事項」をより具体化したものを「評価規準の設定例」として示している。「評価規準の設定例」は，原則として，学習指導要領の各教科等の目標，学年（又は分野）別の目標及び内容のほかに，当該部分の学習指導要領解説（文部科学省刊行）の記述を基に作成していた。他方，本参考資料における「内容のまとまりごとの評価規準」については，平成 29 年改訂の学習指導要領の目標及び内容が育成を目指す資質・能力に関わる記述で整理されたことから，既に確認のとおり，そこでの「内容のまとまり」ごとの記述を，文末を変換するなどにより評価規準とすることを可能としており，学習指導要領の記載と表裏一体をなす関係にあると言える。

　さらに，「主体的に学習に取り組む態度」の「各教科等・各学年等の評価の観点の趣旨」についてである。前述のとおり，従前の「関心・意欲・態度」の観点から「主体的に学習に取り組む態度」の観点に改められており，「主体的に学習に取り組む態度」の観点に関しては各学年（又は分野）の「1　目標」を参考にしつつ，必要に応じて，改善等通知別紙 4 に示された学年（又は分野）別の評価の観点の趣旨のうち「主体的に学習に取り組む態度」に関わる部分を用いて「内容のまとまりごとの評価規準」を作成する必要がある。

---

[14] 特別活動については，これまでも三つの観点に基づいて児童生徒の資質・能力の育成を目指し，指導に生かしてきたところであり，上記の変更点に該当するものではないことに留意が必要である。

報告にあるとおり，「主体的に学習に取り組む態度」は，現行の「関心・意欲・態度」の観点の本来の趣旨であった，各教科等の学習内容に関心をもつことのみならず，よりよく学ぼうとする意欲をもって学習に取り組む態度を評価することを改めて強調するものである。また，本観点に基づく評価としては，「主体的に学習に取り組む態度」に係る各教科等の評価の観点の趣旨に照らし，

①　知識及び技能を獲得したり，思考力，判断力，表現力等を身に付けたりすることに向けた粘り強い取組を行おうとする側面と，

②　①の粘り強い取組を行う中で，自らの学習を調整しようとする側面，

という二つの側面を評価することが求められるとされた[15]。

以上の点から，今回の改善等通知で示した「主体的に学習に取り組む態度」の「各教科等・各学年等の評価の観点の趣旨」は，平成22年通知で示した「関心・意欲・態度」の「各教科等・各学年等の評価の観点の趣旨」から改められている。

---

[15] 各教科等によって，評価の対象に特性があることに留意する必要がある。例えば，体育・保健体育科の運動に関する領域においては，公正や協力などを，育成する「態度」として学習指導要領に位置付けており，各教科等の目標や内容に対応した学習評価が行われることとされている。

第2編

「内容のまとまりごとの評価規準」
を作成する際の手順

1　特別活動における「評価の観点」とその趣旨について

　特別活動においては，改善等通知において示されたように，特別活動の特質と学校の創意工夫を生かすということから，設置者ではなく，「各学校で評価の観点を定める」としている。このため本章では，特別活動の学習評価が効果的に行われるようにするために，各学校において特別活動の観点とその趣旨，並びに評価規準を作成する際の参考となるよう，「評価の観点」とその趣旨並びに「内容のまとまりごとの評価規準」の作成の手順を説明するものである。

2　中学校特別活動の「内容のまとまり」

　中学校特別活動における「内容のまとまり」は，以下のようになっている。

学級活動・・・(1) 学級や学校における生活づくりへの参画
　　　　　　　(2) 日常の生活や学習への適応と自己の成長及び健康安全
　　　　　　　(3) 一人一人のキャリア形成と自己実現
生徒会活動
学校行事・・・(1) 儀式的行事，(2) 文化的行事，(3) 健康安全・体育的行事，
　　　　　　　(4) 旅行・集団宿泊的行事，(5) 勤労生産・奉仕的行事

3　中学校特別活動における「評価の観点」とその趣旨，並びに「内容のまとまりごとの評価規準」作成の基本的な手順

　学習指導要領の特別活動の目標及び各学校の実態を踏まえて，特別活動の「評価の観点」を設定する。「内容のまとまりごとの評価規準」は，学習指導要領の「特別活動の目標」と改善等通知を踏まえ，特別活動の特質に応じた形で作成する。「評価の観点」とその趣旨，並びに「内容のまとまりごとの評価規準」作成の具体的な手順については，次ページ以降に記載している。

---

① 学習指導要領の「特別活動の目標」と改善等通知を確認する。

② 学習指導要領の「特別活動の目標」と自校の実態を踏まえ，改善等通知の例示を参考に，特別活動の「評価の観点」とその趣旨を設定する。

③ 学習指導要領の「各活動・学校行事の目標」及び学習指導要領解説特別活動編（平成 29 年 7 月）(以下学習指導要領解説)で例示した「各活動・学校行事における育成を目指す資質・能力」を参考に，各学校において育成を目指す資質・能力を重点化して設定する。

④ 【観点ごとのポイント】を踏まえ，「内容のまとまりごとの評価規準」を作成する。

4　中学校特別活動における「評価の観点」とその趣旨，並びに「内容のまとまりごとの評価規準」の作成の具体的な手順

①　学習指導要領の「特別活動の目標」と改善等通知を確認する。

【中学校特別活動の目標】

　集団や社会の形成者としての見方・考え方を働かせ，様々な集団活動に自主的，実践的に取り組み，互いのよさや可能性を発揮しながら集団や自己の生活上の課題を解決することを通して，次のとおり資質・能力を育成することを目指す。
(1)　多様な他者と協働する様々な集団活動の意義や活動を行う上で必要となることについて理解し，行動の仕方を身に付けるようにする。
(2)　集団や自己の生活，人間関係の課題を見いだし，解決するために話し合い，合意形成を図ったり，意思決定したりすることができるようにする。
(3)　自主的，実践的な集団活動を通して身に付けたことを生かして，集団や社会における生活及び人間関係をよりよく形成するとともに，人間としての生き方についての考えを深め，自己実現を図ろうとする態度を養う。

【各学校における特別活動の観点の設定の仕方について】
　初等中等教育局長通知（H31.　3.　29）（改善等通知）では次のように示されている。

　（前略）評価の観点については，中学校学習指導要領等に示す特別活動の目標を踏まえ，各学校において別紙４を参考に定める。その際，特別活動の特質や学校として重点化した内容を踏まえ，例えば「主体的に生活や人間関係をよりよくしようとする態度」などのように，より具体的に定めることも考えられる。（後略）

②　学習指導要領の「特別活動の目標」と自校の実態を踏まえ，改善等通知の例示を参考に，特別活動の「評価の観点」とその趣旨を設定する。

　各学校においては，中学校学習指導要領に示された特別活動の目標及び内容を踏まえ，自校の実態に即し，改善等通知の例示を参考に観点を作成する。その際，例えば次に示すように，特別活動の特質や学校として重点化した内容を踏まえて，具体的な観点を設定することが考えられる。

【特別活動における「評価の観点」及びその趣旨をもとにした例】

よりよい生活を築くための知識・技能	集団や社会の形成者としての思考・判断・表現	主体的に生活や人間関係をよりよくしようとする態度
多様な他者と協働する様々な集団活動の意義や，活動を行う上で必要となることについて理解している。 自己の生活の充実・向上や自己	所属する様々な集団や自己の生活の充実・向上のため，問題を発見し，解決方法を話し合い，合意形成を図ったり，意思決定したりして実践して	生活や社会，人間関係をよりよく構築するために，自主的に自己の役割や責任を果たし，多様な他者と協働して実践しようとしている。

実現に必要となる情報及び方法を理解している。よりよい生活を構築するための話合い活動の進め方，合意形成の図り方などの技能を身に付けている。	いる。	主体的に人間としての生き方について考えを深め，自己実現を図ろうとしている。

【特別活動における資質・能力の視点（「人間関係形成」）をもとに重点化を図った例】

互いのよさを生かす関係をつくるための知識・技能	協働してよりよい集団生活を築くための思考・判断・表現	主体的に多様な他者と関係をつくろうとする態度
個人と集団との関係性および集団活動の意義を理解し，社会生活におけるきまりやマナーに則った行動の仕方を身に付けている。	様々な場面で，自分と異なる考えや立場にある他者を尊重して認め合い，支え合ったり補い合ったりして協働している。	様々な集団に積極的に所属し，他者の価値観や個性を受け入れ，新たな環境のもとで互いの可能性を発揮できる関係を築こうとしている。

【特別活動における資質・能力の視点（「社会参画」）をもとに重点化を図った例】

集団の一員として活動するために必要な知識・技能	集団や社会をよりよくするための思考・判断・表現	よりよい社会の形成に向けて主体的に自己を生かす態度
学級・学校集団や社会生活の中で他者と協力して役割を果たすことの意義を理解し，そのための話合いの進め方を身に付けている。	学級や学校，社会生活の充実・向上のために課題を発見し，集団としての解決方法を合意形成したり，個人としての実践目標を意思決定したりしている。	現在及び将来の自己の活動や役割を振り返ることで，成長や課題を認識し，これからの集団生活の改善に生かそうとしている。

【特別活動における資質・能力の視点（「自己実現」）をもとに重点化を図った例】

将来の自己と学びを結びつけるために必要な知識・技能	自己の生活課題を改善するための思考・判断・表現	主体的に人間としての生き方を選択しようとする態度
将来の社会的・職業的な自立と現在の学習とのつながりを理解し，自己の生活をよりよくするために個性を活かす方法を身に付けている。	集団の中で，個々人が共通して直面する現在及び将来に関わる課題を発見するとともに，必要な情報を収集・整理して考察し，解決に向けて意思決定している。	日常の生活や自己の在り方を自主的に改善するとともに，将来を思い描き，自分らしい生き方を主体的に選択しようとしている。

③ 学習指導要領の「各活動・学校行事の目標」及び学習指導要領解説で例示した「各活動・学校
行事における育成を目指す資質・能力」を参考に，各学校において育成を目指す資質・能力を重
点化して設定する。

　　学習指導要領解説では，各活動・学校行事の内容ごとに育成を目指す資質・能力が例示されている。
そこで，学習指導要領で示された「各活動・学校行事の目標」及び学習指導要領解説で例示された「資
質・能力」を確認し，各学校の実態に合わせて育成を目指す資質・能力を重点化して設定する。

④ 【観点ごとのポイント】を踏まえ，「内容のまとまりごとの評価規準」を作成する。

　　特別活動の目標や各活動・学校行事の目標，各学校で設定した各活動・学校行事において育成を
目指す資質・能力を踏まえて，「内容のまとまりごとの評価規準」を作成する。

　＊各学校で作成した評価の観点や育成を目指す資質・能力をもとに，学習指導要領で示された各
　活動・学校行事の「内容」に即して，評価規準を作成する。

【評価規準の作成のポイント】

○「知識・技能」のポイント

・「知識・技能」は，話合いや実践活動における意義の理解や基本的な知識・技能の習得として
　捉え，評価規準を作成する。

・学習指導要領解説における資質・能力の例に示されている内容の意義を確認する。

・文末を「～を理解している」「～を身に付けている」とする。

○「思考・判断・表現」のポイント

・「思考・判断・表現」は，話合いや実践活動における，習得した基本的な知識・技能を活用し
　て課題を解決することと捉え，評価規準を作成する。

・「表現」は，これまでと同様に言語による表現にとどまらず，行動も含んで捉えることとする。

・文末を「～している」とする。

○「主体的に学習に取り組む態度」のポイント

・「主体的に学習に取り組む態度」は，自己のよさや可能性を発揮しながら，主体的に取り組も
　うとする態度として捉え，評価規準を作成する。

・身に付けた「知識及び技能」や「思考力・判断力・表現力等」を生かして，よりよい生活を
　築こうとしたり，よりよく生きていこうとしたりする態度の観点を具体的に記述する。

・各活動・学校行事において，目標をもって粘り強く話合いや実践活動に取り組み，自らの活動
　の調整を行いながら改善しようとする態度を重視することから，「見通しをもったり振り返っ
　たりして」という表現を用いる。

・文末を「～しようとしている」とする。

　　なお，学級活動の「内容のまとまり」は，学級活動(1)，(2)，(3)である。

　　次に学級活動(1)を例に評価規準作成の手順を示す。

＜学級活動「(1) 学級や学校における生活づくりへの参画」を例にした手順＞

> （ア）学習指導要領の「特別活動の目標」と自校の実態を踏まえて改善等通知の例示を参考に作成した特別活動の評価の観点を確認する。

> （イ）「学級活動の目標」及び学習指導要領解説で例示した「学級活動（1）において育成を目指す資質・能力」を確認し，自校として育成を目指す資質・能力を設定する。

【学級活動の目標】
　学級や学校での生活をよりよくするための課題を見いだし，解決するために話し合い，合意形成し，役割を分担して協力して実践したり，学級での話合いを生かして自己の課題の解決及び将来の生き方を描くために意思決定して実践したりすることに，自主的，実践的に取り組むことを通して，第1の目標に掲げる資質・能力を育成することを目指す。

【学級活動(1)において育成することが考えられる資質・能力の例】
　学級活動(1)においては，例えば次のとおり資質・能力を育成することが考えられる。

○　学級や学校の生活上の諸問題を話し合って解決することや他者と協働して取り組むことの大切さを理解し，合意形成の手順や活動の方法を身に付けるようにする。

○　学級や学校の生活をよりよくするための課題を見いだし，解決するために話し合い，多様な意見を生かして合意形成を図り，協働して実践することができるようにする。

○　生活上の諸問題の解決や，協働し実践する活動を通して身に付けたことを生かし，学級や学校における人間関係をよりよく形成し，他者と協働しながら日常生活の向上を図ろうとする態度を養う。

（中学校学習指導要領解説特別活動編 P46）

> **（ウ）観点ごとの評価規準を作成する。**

　学習指導要領第5章第3の1の(2)で，次のとおり示している。

> (2)　各学校においては特別活動の全体計画や各活動及び学校行事の年間指導計画を作成すること。その際，学校の創意工夫を生かし，学級や学校，地域の実態，生徒の発達の段階などを考慮するとともに，第2に示す内容相互及び各教科，道徳科，総合的な学習の時間等の指導との関連を図り，生徒による自主的，実践的な活動が助長されるようにすること。また，家庭や地域の人々との連携，社会教育施設等の活用などを工夫すること。

　学級活動においても，生徒の発達の段階などを考慮し，評価規準を作成することが考えられる。

【学級活動「(1) 学級や学校における生活づくりへの参画」の評価規準（例）】

よりよい生活を築くための知識・技能	集団や社会の形成者としての思考・判断・表現	主体的に生活や人間関係をよりよくしようとする態度
学級や学校の生活上の諸問題を話し合って解決することや他者と協働して取り組むことの大切さを理解している。合意形成の手順や活動の方法を身に付けている。	学級や学校の生活をよりよくするための課題を見いだしている。課題解決に向け，話し合い，多様な意見を生かして合意形成を図り，協働して実践している。	学級や学校における人間関係を形成し，見通しをもったり振り返ったりしながら，他者と協働して日常生活の向上を図ろうとしている。

＊　学級活動(1)以外の学級活動(2)(3)，生徒会活動，学校行事（5種類）についての評価規準の設定例は，次ページからの補足資料参照のこと。

＊　評価の観点については，学習指導要領の「特別活動の目標」と自校の実態を踏まえて，改善等通知の例示を参考に各学校で作成すること。参考の仕方については，以下を参照のこと。

【改善等通知を参考に作成した特別活動における「評価の観点」及びその趣旨の例】

自己と集団の生活を充実させるための知識・技能	集団や社会の形成者としての思考・判断・表現	主体的に自己の生き方を設計しようとする態度
ァ多様な他者と協働する様々な集団活動の意義を理解するとともに，ィよりよい生活を構築するための情報収集の方法や話合いの手順を身に付けている。	ゥ所属する様々な集団や自己の生活を改善するため，問題を発見し，解決に向けて合意形成したり意思決定したりするとともに，決めたことを日常で実践している。	ェ集団生活において自主的に自己の役割や責任を果たす中で，ォ主体的に人間としての生き方について考えを深め，現在および将来の生活を改善しようとしている。

＊　（↑　改善等通知の例示から）

知識・技能	思考・判断・表現	主体的に学習に取り組む態度
ァ多様な他者と協働する様々な集団活動の意義や，活動を行う上で必要となることについて理解している。自己の生活の充実・向上や自己実現に必要となるィ情報及び方法を理解している。ィよりよい生活を構築するための話合い活動の進め方，合意形成の図り方などの技能を身に付けている。	ゥ所属する様々な集団や自己の生活の充実・向上のため，問題を発見し，解決方法を話し合い，合意形成を図ったり，意思決定したりして実践している。	ェ生活や社会，人間関係をよりよく構築するために，自主的に自己の役割や責任を果たし，多様な他者と協働して実践しようとしている。ォ主体的に人間としての生き方について考えを深め，自己実現を図ろうとしている。

＊補足資料

【学級活動「(2) 日常の生活や学習への適応と自己の成長及び健康安全」の評価規準（例)】

よりよい生活を築くための知識・技能	集団や社会の形成者としての思考・判断・表現	主体的に生活や人間関係をよりよくしようとする態度
自己の生活上の課題の改善に向けて取り組むことの意義を理解している。 適切な意思決定を行い実践し続けていくために必要な知識や行動の仕方を身に付けている。	自己の生活や学習への適応及び自己の成長に関する課題を見いだしている。 多様な意見をもとに自ら意思決定して実践している。	他者への尊重と思いやりを深めてよりよい人間関係を形成しようとしている。 他者と協働して自己の生活上の課題解決に向けて，見通しをもったり振り返ったりしながら，悩みや葛藤を乗り越え取り組もうとしている。 自他の健康で安全な生活を構築しようとしている。

【学級活動「(3) 一人一人のキャリア形成と自己実現」の評価規準（例)】

よりよい生活を築くための知識・技能	集団や社会の形成者としての思考・判断・表現	主体的に生活や人間関係をよりよくしようとする態度
社会の中で自分の役割を果たしながら，自分らしい生き方を実現していくことの意義を理解している。 現在の学習と将来の社会・職業生活とのつながりを考え，自分らしい生き方の実現を図るために，必要な知識及び技能を身に付けている。	自分らしい生き方の実現に向け，現在の学習や将来の進路についての課題を見いだしている。 主体的に学習に取り組み，働くことや社会に貢献すること，自己の将来について，適切な情報を収集して考え，意思決定して実践している。	将来の生き方を見通したり，現在の生活や学習を振り返ったりしようとしている。 働くことと学ぶことの意義を意識し，社会的・職業的自立に向けて自己実現を図ろうとしている。

【生徒会活動の評価規準（例)】

よりよい生活を築くための知識・技能	集団や社会の形成者としての思考・判断・表現	主体的に生活や人間関係をよりよくしようとする態度
生徒会やその中に置かれる委員会などの異年齢により構成される自治的組織における活動の意義について理解している。 全校の生徒をもって組織する大きな集団での活動のために必要なことを理解し行動の仕方を身	生徒会において，学校全体の生活をよりよくするための課題を見いだしている。 全校の生徒をもって組織する大きな集団における課題解決のために話し合い，合意形成を図ったり，意思決定したり，人	自治的な集団における活動を通して身に付けたことを生かして，多様な他者と協働し，学校や地域社会における生活改善を図ろうとしている。 ３年間や全校という視野で見通しをもったり振り返ったり

に付けている。	間関係をよりよく形成したりしている。	しながら，よりよい生活を築こうとしている。

【学校行事「(1) 儀式的行事」の評価規準（例)】

よりよい生活を築くための知識・技能	集団や社会の形成者としての思考・判断・表現	主体的に生活や人間関係をよりよくしようとする態度
儀式的行事の意義や，その場にふさわしい参加の仕方について理解している。 規律や気品のある行動の仕方などを身に付けている。	学校生活の節目の場において先を見通したり，これまでの生活を振り返ったりしながら，新たな生活への自覚を高め，気品ある行動をしている。	厳粛で清新な気分を味わい，行事を節目として，見通しをもったり振り返ったりしながら，新たな生活への希望や意欲につなげようとしている。

【学校行事「(2) 文化的行事」の評価規準（例)】

よりよい生活を築くための知識・技能	集団や社会の形成者としての思考・判断・表現	主体的に生活や人間関係をよりよくしようとする態度
美しいものや優れたものを創り出し，自ら発表し合ったり，芸術的なものや伝統文化を鑑賞したりする活動に必要な知識や技能を身に付けている。	日頃の学習活動の成果発表や芸術，伝統文化に触れ，個性を認め，互いに高め合いながら実践している。	文化的な視点から自己の成長を見通したり，振り返ったりしながら，自己を一層伸長させようとしている。

【学校行事「(3) 健康安全・体育的行事」の評価規準（例)】

よりよい生活を築くための知識・技能	集団や社会の形成者としての思考・判断・表現	主体的に生活や人間関係をよりよくしようとする態度
心身の健全な発達や健康の保持増進，事件や事故，災害等の非常時から安全に身を守ることの意義を理解し，必要な行動の仕方などを身に付けている。 体育的な集団活動の意義を理解し，規律ある集団行動の仕方などを身に付けている。	自他の健康や安全について他者と協力して，適切に判断し実践している。 運動することのよさについて考え，集団で協力して取り組んでいる。	運動に親しみ，体力の向上に積極的に取り組もうとしている。 見通しをもったり振り返ったりしながら，健康安全・体育的行事に積極的に取り組もうとしている。

【学校行事「(4) 旅行・集団宿泊的行事」の評価規準（例)】

よりよい生活を築くための知識・技能	集団や社会の形成者としての思考・判断・表現	主体的に生活や人間関係をよりよくしようとする態度
豊かな自然や文化・社会に親しむことの意義を理解している。	旅行・集団宿泊的行事において学校生活や学習活動の成果を	日常とは異なる環境や集団生活において，自然や文化・社会

校外における集団生活の在り方，公衆道徳などについて理解し，必要な行動の仕方を身に付けている。	活用できるように考えて実践している。	に親しみ，見通しをもったり振り返ったりしながら，新たな視点から学校生活や学習活動の意義を考えようとしている。

【学校行事「(5) 勤労生産・奉仕的行事」の評価規準（例)】

よりよい生活を築くための知識・技能	集団や社会の形成者としての思考・判断・表現	主体的に生活や人間関係をよりよくしようとする態度
働くことの意義，社会的・職業的な自立について理解している。 ボランティア活動などの体験活動の仕方が身に付いている。	勤労生産や奉仕に関して自分のできることを判断し実践している。 多様な他者と協力してボランティア活動に取り組んでいる。	勤労観や職業観を深め進んで体験的な活動をしようとしている。 見通しをもったり振り返ったりしながら，社会奉仕の精神を養い，社会に貢献しようとしている。

第3編

学習評価について
（事例）

第1章　特別活動の学習評価を行うに当たっての基本的な考え方

　特別活動においては，第2編でも示したように，学習指導要領の目標及び特別活動の特質と学校の創意工夫を生かすということから，設置者ではなく，各学校が評価の観点を定めることとしている。

　特別活動は，全校又は学年を単位として行う活動があり，学級担任以外の教師が指導することも多いことから，各学校には評価体制を確立し共通理解を図って，子供たちのよさや可能性を多面的，総合的に評価できるようにすることが求められる。

　また，評価を通じて，教師が自己の指導の内容や方法，指導過程等を振り返り，より効果的な指導が行えるような工夫改善を図ることも求められる。

　各学校においては，特別活動の特質を踏まえ，次のような評価の手順や留意点を参考にして，適切に評価を進めることが大切である。

1　評価の手順

手順	内容
①指導と評価の計画の作成	・特別活動の全体及び各活動・学校行事ごとの指導と評価の計画を作成する。
②評価のための基礎資料の収集	・計画に基づいて，評価のための基礎資料を収集する。
③評価の実施	・収集した資料を各学校で定めた所定の手続きにしたがって総合的に判断し，評価を行う。
④評価体制の改善	・評価結果を各学校における指導や評価体制の改善に生かす。

2　評価体制の確立

　特別活動の全体計画及び各活動・学校行事ごとの指導と評価の計画を基に多くの教師による評価を反映させるなど，学校としての評価体制を確立することが大切である。

　学級活動において　　　　主として学級担任が事前の見通しから事後の振り返りまでの生徒の様子から，積極的によさや可能性を見取るようにする。

　生徒会活動，学校行事において

※評価に必要な資料を収集する方法を工夫するとともに，それらが学級担任の手元に収集され，活用されるようにする。

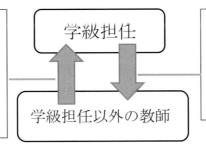

学級担任

学級担任以外の教師

※個々の生徒の活動状況について担当する教師との間で情報交換を密にする。

※必要に応じて評価した結果を全教職員で共有し，指導に生かすことができるようにすること。

3 指導と評価の計画の作成

第3編

各活動・学校行事ごとの評価規準の作成
↓
「目指す生徒の姿」の設定

- 各学校で評価規準を設定する際には，第2編を活用し，学級活動(1)(2)(3)，生徒会活動，学校行事について，観点ごとに設定することが考えられる。

- 1単位時間の指導計画においては，各活動・学校行事ごとに設定した評価規準に即して，事前・本時・事後における「目指す生徒の姿」を，具体的に設定することが考えられる。

　各学校においては，各活動・学校行事ごとに指導と評価を適切に位置付けた計画を作成することが大切である。特に，生徒会活動や学校行事については，学習指導要領第1章総則編第2（2）イにおいて，「特別活動の授業のうち，生徒会活動及び学校行事については，それらの内容に応じ，年間，学期ごと，月ごとなどに適切な授業時数を充てるものとする」と示されたことを受け，それぞれの目標やねらいが十分達成できるように，よく検討して適切に授業時数を充てるようにする。

---

4 多面的・総合的な評価の工夫

　特別活動においては，生徒が自己の活動を振り返り，新たな目標や課題がもてるようにする。

　評価を進めるため，活動の結果だけでなく，活動の過程における生徒の努力や意欲などを積極的に認めたり，生徒のよさを多面的・総合的に評価したりすることが大切である。

　生徒一人一人を評価する方法としては，教師による観察が中心となるが，チェックリストや生徒自身の各種記録の活用など，評価方法の特質を生かして評価するようにする。特に，生徒が「活動に見通しをもって取り組み，活動を振り返って次の課題解決につなげたり，改善したりする」等，自主的，実践的に取り組むことができるようにするために，生徒の学習活動として，自己評価や相互評価を行うことも多い。したがって，観察による教師の評価と併せて，生徒自身による評価を参考にすることも考えられる。

　また，生徒一人一人のよさや可能性を生かし伸ばす点から，好ましい情報や資料は，随時，当該生徒に伝えたり，学級や学年，学校全体に紹介したりすることが考えられる。

5 評価機会の工夫

　特別活動は，活動の積み重ねにより年間を通して生徒の資質・能力の育成を図るものである。すべての評価の観点について，事前・本時・事後の一連の学習過程の中で評価できるようにしたり，各活動・学校行事における顕著な事項は補助簿を活用して記録したりしておき，一定期間に実施した活動や学校行事を評価規準に基づき，まとめて評価するなど，効果的で効率的な評価となるよう配慮する必要がある。例えば学校行事において，「2年生では職場体験活動については全員が振り返りを書くとともに活動の状況を評価する」というように，一年間の学校行事を見通して重点化を図ることも考

えられる。その際，一人一人の生徒が振り返りをカードに記録したり，教師が補助簿に記載したりするなど，記録に残し，評価に生かすようにする。

6　中学校生徒指導要録における特別活動の記録

　各学校で定めた評価の観点を指導要録に記入した上で，各活動・学校行事ごとに，十分満足できる活動の状況にあると判断される場合に，○印を記入する。学習指導要領に示す特別活動の目標や学校として重点化した内容を踏まえ，下の記入例のように，より具体的に評価の観点を示すことが考えられる。

【中学校生徒指導要録（参考様式）様式2（第2学年）の記入例】

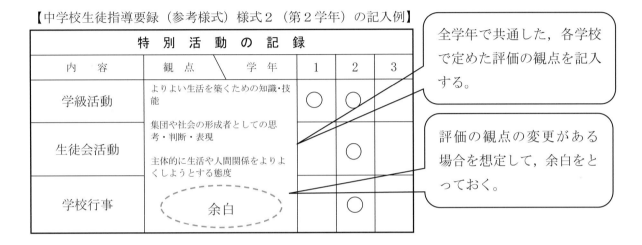

特　別　活　動　の　記　録				
内　　容	観　点　　　　学　年	1	2	3
学級活動	よりよい生活を築くための知識・技能	○	○	
生徒会活動	集団や社会の形成者としての思考・判断・表現 主体的に生活や人間関係をよりよくしようとする態度		○	
学校行事	余白		○	

全学年で共通した，各学校で定めた評価の観点を記入する。

評価の観点の変更がある場合を想定して，余白をとっておく。

十分満足できる活動の状況について

　指導と評価に当たっては，各学校で「十分満足できる活動の状況」とは「生徒のどのような姿」を指すのかを検討し，共通理解を図ってその取組を進めることが求められる。そのうえで，「目指す生徒の姿」に照らして，十分満足できる活動の状況がみられた場合に指導要録に○を付ける。

　なお，生徒のよさや可能性を積極的に評価することが大切である。

第2章　学習評価に関する事例について

1　事例の特徴

　第1編第1章2(4)で言及した学習評価の基本的な方向性を踏まえつつ，平成 29 年改訂学習指導要領の趣旨・内容の徹底に資する評価の事例を示せるよう，本参考資料における各活動・学校行事の事例は，原則として以下のような方針を踏まえたものとしている。

　特別活動は，全校又は学年を単位として行う活動があり，また，学級担任以外の教師が指導することもある。

　このため，本参考資料（特別活動編）においては，学習指導要領に示された各活動・学校行事ごとに工夫例を交えながら評価の進め方や留意点等について記述している。

○　1単位時間や年間の指導と評価の計画を示している

　本参考資料で提示する事例は，いずれも，各活動・学校行事における議題や題材，活動の一つを例にとり，1単位時間の指導計画を示すとともに，「内容のまとまりごとの評価規準」に即して，本時における「目指す生徒の姿」を具体的に示した。

　また，評価結果を生徒の学習や教師の指導の改善に生かすまでの一連の学習評価の流れを念頭において，事前から事後までの一連の学習過程を指導案の形で表し，「目指す生徒の姿」を本時の展開の中で具体的に示している。

○　評価方法の工夫を示している

　各活動・学校行事において，特別活動ファイルやワークシート，活動の振り返りなどを活用した評価方法や補助簿を活用した評価方法などを資料として提示するなど，特別活動の特質や特性を踏まえて，評価方法の多様な工夫について示している。

　また，特別活動は，全校又は学年を単位として行う活動があり，また，学級担任以外の教師が指導することもある。そこで，学級担任と各担当との連携の在り方についても示している。

○　総括する評価について示している

　特別活動は，各教科のように観点ごとの評価（ＡＢＣ）や評定はなく，指導要録において，観点を踏まえて，各活動・学校行事ごとに生徒の取組を総括的に評価するものである。

　学級活動については，学級活動(1)(2)(3)の各活動における評価を総括する評価の仕方など，評価を総括する例を示すとともに，学習カードを活用した評価の工夫例や，年間を通じた評価結果を蓄積する工夫例についても示している。

2 各事例概要一覧と事例

事例1 学級活動(1)の指導と評価の計画から評価の総括まで
「よりよい学級生活をつくろう」(ア　学級や学校における生活上の諸問題の解決)(第1学年)
　事例1は，学級活動「(1)学級や学校における生活づくりへの参画」の指導計画と評価の事例である。第1学年の学級開きにあたって，よりよい学級生活をつくることを議題とした話合い活動や実践活動についての一連の活動計画例，1単位時間の指導計画例，ワークシートを参考とした評価の工夫例を示した。また，教師の補助簿を活用して評価資料を累積する工夫例についても取り上げた。

事例2 学級活動(3)の指導と評価の計画から評価の総括まで
「体験活動を学校生活につなごう」(ア　社会参画意識の醸成や勤労観・職業観の形成)(第2学年)
　事例2は，学級活動「(3)一人一人のキャリア形成と自己実現」の指導計画と評価の事例である。第1学年の職場体験活動における学びを，よりよい生活づくりに生かすことを題材にした一連の活動計画例，1単位時間の指導計画例，「キャリア・パスポート」を参考とした評価の工夫例を示した。また，教師の補助簿を活用して評価資料を累積する工夫例についても取り上げた。

事例3 生徒会活動の指導と評価の計画から評価の総括まで
「学校生活を見直そう」(ア　生徒会の組織づくりと生徒会活動の計画や運営)(全学年)
　事例3は，生徒会活動「生徒会の組織づくりと生徒会活動の計画や運営」の指導計画と評価の事例である。生徒総会を通じて学校生活を見直すことを議題にした一連の活動計画例，1単位時間の指導計画例，ワークシートを参考とした評価の工夫例を示した。また，教師の補助簿を活用して評価資料を累積する工夫例についても取り上げた。併せて，参考として生徒総会時における指導と評価の計画についても示した。

事例4 学校行事の指導と評価の計画から評価の総括まで
合唱コンクール「互いのよさを生かそう」((2)文化的行事)(全学年)
　事例4は，学校行事「文化的行事」の指導計画と評価の事例である。合唱コンクールを通じて学級生活の改善や自己実現を図ることをテーマ(題材，議題)にした一連の活動計画例，1単位時間の指導計画例，ワークシートを参考とした評価の工夫例を示した。また，教師の補助簿を活用して評価資料を累積する工夫例についても取り上げた。

資料1 キャリア教育の充実を図る特別活動の実践

資料2 指導に生かす評価

特別活動　　事例1

キーワード　学級活動(1)の指導と評価の計画から評価の総括まで

議題
第1学年 　「よりよい学級生活をつくろう」

内容のまとまり
学級活動「(1)学級や学校における生活づくりへの参画」

1　学級活動(1)で育成を目指す資質・能力

○　学級や学校の生活上の諸問題を話し合って解決することや他者と協働して取り組むことの大切さを理解し，合意形成のための手順や活動の方法を身に付けている。

○　学級や学校生活をよりよくするための課題を見いだし，解決するために話し合い，多様な意見を生かして合意形成を図り，協働して実践できる。

○　生活の諸問題上の解決や，協働し実践する活動を通して身に付けたことを生かし，学級や学校における人間関係をよりよく形成し，他者と協働しながら日常生活の向上を図ろうとする。

2　評価規準（内容のまとまりごとの評価規準）

よりよい生活を築くための 知識・技能	集団や社会の形成者としての 思考・判断・表現	主体的に生活や人間関係を よりよくしようとする態度
学級や学校の生活上の諸問題を話し合って解決することや他者と協働して取り組むことの大切さを理解している。 合意形成のための手順や活動の方法を身に付けている。	学級や学校生活をよりよくするための課題を見いだしている。 課題解決に向け，話し合い，多様な意見を生かして合意形成を図り，協働して実践している。	学級や学校における人間関係を形成し，見通しをもったり振り返ったりしながら，他者と協働して日常生活の向上を図ろうとする。

3　指導と評価の計画

　学級活動(1)「学級や学校における生活づくりへの参画」の指導計画と評価の事例である。第1学年の学級開きにあたって，よりよい学級生活をつくることを議題とした話合い活動や実践活動についての一連の活動計画例，1単位時間の指導計画例，ワークシートを参考とした評価の工夫例を示した。また，教師の補助簿を活用して評価資料を累積する工夫例についても取り上げた。

【一連の活動と評価】

時間	ねらい・学習活動	目指す生徒の姿		
		知識・技能	思考・判断・表現	主体的態度
学校行事	「学級開き」 ○ねらい ・自分の実態を知る。 ○活動		自分の実態と担任の思いを知り，学級や学校生活をよりよくするための課題を見いだしている。	

入学式後	・小学校の「キャリア・パスポート」から，今の自分ができていることとできていないことをまとめる。			
朝の会及び帰りの会	「自分の考える学級目標」 ○ねらい ・自分の実態と担任の思いから自分なりに学級目標を考える。 ○活動（個人） ・自分なりに学級目標案を考える。 ・「『よりよい学級生活をつくろう』シート」（以下ワークシート）を活用する。			
本時	「よりよい集団をつくろう」 ○ねらい ・学級目標を決める。 ○活動 ・個人で考えてきた学級目標をグループで出し合う。 ・グループの考えをまとめ，学級目標グループ案を決める。 ・学級全体で話し合い，学級目標を決める。 ・ワークシートを活用する。	互いの意見や可能性を生かし合うことの大切さを理解し，話合い活動の仕方を身に付けている。	異なる意見から共通点を見いだし合意形成に向け（個人として）取り組んでいる。	
朝の会及び帰りの会	「よりよい生活をつくろう」 ○ねらい ・学級目標から個人の一学期の目標を考える。 ○活動 ・学級目標を確認する。 ・自分の一学期の目標，取組を考える。			学級目標を踏まえて，個人の一学期の目標に取り組もうとしている。

※これ以降，教科学習，学期の始めや終わり，学校行事や学級生活において，学級目標が意識されているかの視点で生徒を見取っていく。

4 「よりよい集団をつくろう」について

（1）議題

- よりよい集団をつくろう

（2）目指す生徒の姿

- 互いの意見や可能性を生かし合った話合い活動の仕方を身に付けている。
- 異なる意見から共通点を見いだし合意形成に向け（個人として）取り組んでいる。

（3）本時の展開

	生徒の活動	○目指す生徒の姿 指導上の留意点
導入	ワークシート「よりよい学級生活をつくろう」を活用して自分が宿題で考えてきた学級目標を確認する。	
展開	「よりよい学級生活をつくろう」を活用してグループで意見を出し合い，まとめる。 ▶自分が考えた学級目標を発表する。 ▶発表している人の考えを聞き，ポイントをメモする。 ▶グループとしての学級目標案を考える。 　全員で学級目標を決める。 ▶各班で決めた学級目標案を発表する。 ▶「よりよい学級生活をつくろう」を活用して，発表している人の考えを聞き，ポイントをメモする。 ▶学級委員が調整役を果たしながら合意形成に向けて練り合う。 ▶折り合いを付け，学級目標を全員で合意形成する。 　学級委員が学級活動を進めているため，本時の展開の中で教師が全生徒を観察により見取ることができる時間である。そこで，合意形成の視点での見取り表（後述⑤ア）を用いて生徒の評価を行う。 ▶合意形成した学級目標を確認する。 　[1年○組の学級目標は＠＠としていいですか。」]	［付箋を用いて，意見を整理することが考えられる。］ ○互いの意見や可能性を生かし合った話合い活動の仕方を身に付けている。【知識・技能】〈ワークシート〉 ○異なる意見から共通点を見いだし合意形成に向け（個人として）取り組んでいる。【思考・判断・表現】〈ワークシート，観察〉
終末	実践に向けて ▶担任からの合意形成した過程や全員で決めた学級目標に対する思いを聞く。 学級目標を実現するために（予告） 　「次の活動は，学級目標を踏まえて個人の1学期の目標を決めてもらいます。」（担任） ●自己評価表を切り離し，担任に提出する。	※生徒の思いを大切にしながら，学校・学級として育てたい資質・能力についてもコメントする。 ［利用方法は，後述5生徒の自己評価を参考にした評価方法の工夫例を参照のこと。］

「よりよい学級生活をつくろう」シート

（　）組（　　）番　氏名（　　　　　　　　　　　）

1．グループで話し合って学級目標案を考えよう

自分が考えた学級目標案	グループの他の人が考えた学級目標案
【知識・技能】 自分の現状を踏まえた案となっているかを見取る。	

メモ（意見を聞いて気になったこと，考えたこと）

【知識・技能】 互いの意見や可能性を生かし合った話合い活動の仕方を身に付けているかを見取る。

学級目標案	

2．全員で学級目標を決めよう

他のグループの学級目標案

メモ（意見を聞いて気になったこと，考えたこと）

学級目標	

＜※学級目標を決める過程で他者の意見から気付いたこと＞

【思考・判断・表現】 異なる意見から共通点を見いだし合意形成に向け（個人として）取り組んでいるかを見取る。

（4）本時の評価方法の工夫例【思考・判断・表現】

ア　ワークシートに基づき評価する際の教師の視点

　生徒一人一人の話合い活動の状況を1単位時間の授業ですべて見取ることは困難であり，主として前頁のワークシートの記述からの見取りを行う。しかし，記述の分析だけでは，十分ではない部分もある。それを補うため，実際の生徒同士の話合い活動の場での見取りを参考にすることも考えられる。

　ⅰ　ワークシートによる見取りの視点（担任用資料）

- 異なる意見に配慮すべきことが書かれている。
- 学級全体で協働して学級生活の向上を図ろうとすることが書かれている。

　ⅱ　ワークシートの見取りの例

生徒A　十分満足できる活動の状況（担任評価○）

＜学級目標を決めるときに気付いたこと＞

最後まで「時間を決めない」という考えにこだわっていたAさんの意見も，学級目標に入れられて良かった。話し合いで意見を言わなかったB子さんに聞いたら，「自分もそう思っていた」といってくれたので，安心した。これからお互いの可能性を生かし合って楽しい学級にしていくことが大切だと思う。

> 異なる意見への配慮を見取ることができる。

> （文章全体）合意形成に向かっていることを見取ることができる。

> 協働して向上しようとしていることを見取ることができる。

生徒B

＜学級目標を決めるときに気付いたこと＞

意見を言わなかった人にも聞いてみるべきだったと思う。時間内に決められて，よかった。

> 異なる意見への配慮が見られるが，協働して向上しようとする姿を見取ることができない。

生徒C

＜学級目標を決めるときに気付いたこと＞

自分の意見を堂々と言うことが大事。決まったことは守る。

> 異なる意見への配慮，協働して向上しようとする姿を見取ることができない。

　こういった場合には，物事を多面的に見ることの必要性や多様性を欠く協議の脆弱性に気付くような指導助言が求められる。その際には，集団指導の場面でのガイダンスの機能を生かしたアプローチも考えられるが，個々の生徒のワークシートを活用していることから個別指導の場面でのカウンセリング機能を生かしたアプローチが有効と考えられる。

　また，少数意見を大事にすること，そういった風土が生み出す効果についても指導する機会と捉えたい。

イ　合意形成に向けた活動の見取り例

　主たる活動の場において「どんな発言ができたか」→「意見をどう調整したか」→「意見に対してどう折り合いを付けたか」の視点で，話合い活動における生徒の発言を記録し，総括評価の時の担任評価の資料とする。下にその例を示す。

どんな発言ができたか	A：「尊重」という言葉は，絶対入れたい B：「尊重」って固くない？ C：「互いのよさを生かす」ではどうかな→○ D：「尊重」ってCさんが言うようなことだったと思う
意見をどう調整したか	E：でも「よさ」って限定的に聞こえるよね D：「互いの可能性」ではどうかな F：これまでの話し合いをまとめると「互いの可能性を生かす」ですよね。それを一歩深めて「互いの可能性を生かし合う」ではどうでしょうか→○
どう合意形成したか	司会：「互いの可能性を生かし合う」に修正意見はありませんか A：みんなのおかげで私は納得できました→○

> 担任による評価は，見取りのその時だけではなく，生徒のワークシート等も含め，話合い活動の流れの中で合意形成に寄与しているかを判断することも考えられる。その際は，合意形成に至る個人の変容に注目して評価することも大切である。

4　総括評価の工夫例

（1）　教師の見取りによる評価をベースに総括評価を行う場合

　特別活動の評価において，最も大切なことは，生徒一人一人のよさや可能性を生徒の学習過程から積極的に認めるようにするとともに，特別活動で育成を目指す資質・能力がどのように成長しているかということについて，各個人の活動状況を基に，評価を進めていくということである。生徒のよさを積極的に見取り，記録を蓄積したい。

氏名	学期　事項	教師の見取りによる評価			総括評価
		知・技	思・判・表	主体的態度	
A	前期　アイ	○○	○	○○	○
	後期　ウ	○	○		
	学年	○	○	○	
B	前期　アイ				
	後期　ウ				
	学年				

（2）生徒の自己評価を参考にして教師が総括評価を行う場合

　生徒が自己の活動を振り返り，新たな目標や課題をもてるようにするために，活動の結果だけでなく活動の過程における生徒の努力や意欲などを積極的に認めたり，生徒の良さを多面的・総合的に評価したりすることが大切である。そのため，生徒一人一人が，自らの学習状況やキャリア形成を見通したり，振り返ったりできるようなポートフォリオ的な教材などを活用して，自己評価や相互評価するなどの工夫が求められる。なお，生徒の自己評価や相互評価は学習活動であり，それをそのまま学習評価とすることは適切ではないが，学習評価の参考資料として適切に活用することにより，生徒の学習意欲の向上につなげることができる。ここでは，生徒の自己評価を参考にして，最終的には教師の見取りとして総括している。

第3編
事例1

氏名	学期　事項	生徒の自己評価			担任の見取りによる評価（総括）
		知・技	思・判・表	主体的態度	
A	前期　アイ	○○	○	○○	○
	後期　ウ	○	○		
	学年	○	○	○	
B	前期　アイ				
	後期　ウ				
	学年				

（3）　学級活動の評価を総括する工夫（指導要録記入のため）

　学級活動の内容項目ごとに評価したものをどのように総括するかは統一した考え方が不可欠である。

生徒氏名	（1）	（2）	（3）	指導要録
A	○	○	○	○
B	○	○		○
C		○		
D	○			○

共通理解の上，内容項目2個以上○なら，指導要録を○と判断することも考えられる。

内容項目の重点化がある場合，この1つだけが○の場合でも指導要録を○とする場合が考えられる。例：学級活動（1）を重視している場合

特別活動　　事例2

キーワード　学級活動(3)の指導と評価の計画から評価の総括まで

題材	内容のまとまり
第2学年 「体験活動を学校生活につなごう」	学級活動「(3)一人一人のキャリア形成と自己実現」 関連：学級活動(1)イ「学級内の組織作りや役割の自覚」

1　学級活動(3)で育成を目指す資質・能力

○　社会の中で自分の役割を果たしながら，自分らしい生き方を実現していくことの意義や，現在の学習と将来の社会・職業生活とのつながりを考えるために，必要な知識及び技能が身に付いている。

○　現在の自己の学習と将来の生き方や進路についての課題を見いだし，主体的に学習に取り組み，働くことや社会に貢献することについて，自己の将来について，適切な情報を得ながら考え，自己の将来像を描くことができる。

○　将来の生き方を描き，現在の生活や学習のあり方を振り返るとともに，働くことと学ぶことの意義を意識し，社会的・職業的自立に向けて自己実現を図ろうとしている。

2　評価規準（内容のまとまりごとの評価規準）

よりよい生活を築くための 知識・技能	集団や社会の形成者としての 思考・判断・表現	主体的に生活や人間関係を よりよくしようとする態度
社会の中で自分の役割を果たしながら，自分らしい生き方を実現していくことの意義を理解している。 現在の学習と将来の社会・職業生活とのつながりを考え，自分らしい生き方の実現を図るために，必要な知識及び技能を身につけている。	自分らしい生き方の実現に向けて，現在の学習や将来の進路についての課題を見いだすことができる。 主体的に学習に取り組み，働くことや社会に貢献すること，自己の将来について，適切な情報を収集して考え，意思決定して実践している。	将来の生き方を見通したり，これまでの生活や学習を振り返ったりしようとしている。 働くことと学ぶことの意義を意識し，社会的・職業的自立に向けて自己表現を図ろうとしている。

3　指導と評価の計画

　学級活動「(3)一人一人のキャリア形成と自己実現」の指導計画と評価の事例である。

第1学年の職場体験活動における学びを，よりよい生活づくりに生かすことを題材にした一連の活動計画例，1単位時間の指導計画例，「キャリア・パスポート」を参考とした評価の工夫例を示した。また，教師の補助簿を活用して評価資料を累積する工夫例についても取り上げた。

【一連の活動と評価】

時間	ねらい・学習活動	目指す生徒の姿		
		知識・技能	思考・判断・表現	主体的態度
	「一年後のゴールを設定しよう」	学校や学年教育目	1年間でなりたい	自主的に「キャリ

学校行事 始業式後	○ねらい ・学校教育目標（キャリア教育目標），学年目標から自分のこの1年間の目標を設定する。 ○活動 ・「キャリア・パスポート」に1年間の目標を記入する。	標を踏まえ，個人目標の設定方法を身に付けている。	自分を表現している。	ア・パスポート」を活用して自己の学びを見通し，振り返ろうとしている。
学級活動	「4ヶ月後のゴールを設定しよう」 ○ねらい ・前回立てた1年間の目標から，1学期の目標を設定する。 ○活動（個人） ・キャリア・パスポートに1学期の目標を記入する。 ・1学期の目標を掲示する。	自分の1年間の目標を踏まえ，1学期の個人目標の設定方法を身に付けている。	自分の1学期の目標を表現している。	1学期の目標と職場体験を関連付けようとしている。
学校行事	「自分を知ろう」 ○ねらい ・職業適性検査を通して自分の特性を知る。 ○活動 ・職業適性検査を受ける。 ・職業と適性の関係を知る。	検査の結果を参考にして，自分の適正や興味を理解している。		自分の適性や興味から職場体験活動への見通しをもとうとしている。
学校行事	「体験先の職場を選択しよう」 ○ねらい ・根拠をもって体験する職場を選択する。 ○活動 ・自分の適性や興味を確認する。 ・働く意義を確認する。	働く意義や自分が社会で果たしたい役割を理解している。	働く意義や自分が社会で果たすべき役割について考え，中学校における職場体験活動で何を学びたいのかを，根拠をもって説明している。	
本時	「体験活動を学校生活につなごう」 ○ねらい ・職場体験活動で学んだことをまとめ，今後の学校生活に生かす。 ○活動		職場体験活動で学んだことを自己と関わらせながら「キャリア・パスポート」に表現している。	担任からの助言や友人の声を参考に，職場体験活動の経験を学校生活に生かそうとしている。

	・職場体験活動レポートをまとめ,担当教員よりコメントをもらう。			
学級活動	「1学期を振り返ろう」 ○ねらい ・職場体験活動を含め,1学期の活動を振り返る。 ○活動(個人) ・1学期の活動についてまとめ,2学期の目標を考える。		職場体験活動を含めた1学期を振り返り,表現している。	1学期を振り返ることにより,2学期への見通しをもとうとしている。

※これ以降,学期の始めや終わり,学校行事や学級生活において,継続的,系統的に生徒の変容を見取ること。

4 「体験活動を学校生活につなごう」

(1) 題材

・体験活動を学校生活につなごう

(2) 目指す生徒の姿

・職場体験活動で学んだことを「キャリア・パスポート」に表現している。

・担任からの助言や友人の声を参考に,職場体験活動の経験を学校生活に生かそうとしている。

(3) 本時の展開

	生徒の活動	○目指す生徒の姿 指導上の留意点
導入	職場体験活動を振り返ろう 職場体験活動のしおりや「キャリア・パスポート」を読み返す。	
展開	(個人で) ▶適性検査を基にした職場体験活動のねらいと,実際の職場体験活動の取組は合っていたかを振り返る。 (グループでの話合い活動により) ▶実際の職場体験活動中に学んだこと,職場の方とのやりとりを振り返る。 (個人で) ▶職場体験活動の感想をまとめる。	○自分の適性や興味から設定した目標と実際の職場体験活動の活動が合致していたかを判断している。【思考・判断・表現】〈「キャリア・パスポート」STEP1〉 ※「キャリア・パスポート」STEP2〜4を見直す。 ※「キャリア・パスポート」STEP5を記入する。 ○職場体験活動で学んだことを

			整理している。【思考・判断・表現】〈「キャリア・パスポート」STEP5〉
			※担任は机間指導しながら，自己理解，社会マナーやルール，進路決定や将来設計，役割等の視点からコメントする。
	（個人で）		
	▶職場体験活動で学んだことが，今後の学校生活のどんな場面で生かせるかを考える。		○職場体験活動の経験が反映されているか。
	（グループでの話合い活動により）		
	▶応援シートを使いながら，職場体験活動で学んだことが，今後の学校生活のどんな場面で生かせるかを考える。		※応援シートを使い，互いのよさやがんばりを相互評価する。（後述4（1））
	（個人で）		
	▶担任のコメントや応援シートを参考に，これからの学校生活で伸ばしたい力を意思決定し，記録する。		○担任からの助言や友人の声を参考に，職場体験活動の経験を学校生活に生かそうとしている。【主体的態度】〈「キャリア・パスポート」，観察〉 ※「キャリア・パスポート」STEP7に記入する。
終末	▶体験活動と学校生活のつながりと「キャリア・パスポート」を作成することの意義を確認する。		※具体的な場面（学校行事や進路選択）をあげ，生徒がイメージしやすいようにする。

（4）「キャリア・パスポート」の見取りの例

職場体験活動レポート			1組 7番	氏名	◯◯
事業所名	犬山自動車		住所	◯◯	◯◯
期間	1月20日（月）〜24日（金）		交通手段	徒歩	バス
メンバー	リーダー： ◯◯◯ ◯◯◯		◯◯（ ）◯◯		

STEP1　自分の適性を見つめよう（体験前：VRT　体験後：職場体験を

体験前	人と接する仕事 人に奉仕する仕事	体験後	人と接する仕事 機械（車）を対象とする仕事

> 【思考・判断・表現】
> 職場体験活動によって，機械（車）を対象とした自分自身の適性を知ったことが，表現されている。

STEP2　職場体験活動で知りたいこと【職場体験活動中に事業所の方にインタビュー】
（右：質問　左回答）②

職業として	なぜ，自動車販売店に勤めたか	幼いころから車が好きだったこと 人と接することが好きだったこと
社会に対して	自動車販売の将来について	日本の人口減少で，販売台数が厳しくなる AIなど新しい車の登場など期待も
職場個人では	働く意義は何か	なりたい自分になるため 家族と幸せに生活するため

> 【思考・判断・表現】
> 職場体験活動先でのインタビューが自分の生活や社会の改善につながっていることが表現されている。

STEP3　職場体験活動で認められたこと	**STEP4　指導してみての評価**
あいさつが明るいこと	社員の手本となる様な明るいあ
準備や片付けがていねいなこと	早目の準備，丁寧な後仕末は主
車の知識があること	小さいころミニカーを集めていた話 人一倍と自動車への知識が

STEP5　職場体験活動の感想	**STEP6　担当教員コメント**
あいさつや準備をほめられて，授業や部活と同じだと思った。また，車が好きだったことを見い出した。仕事の意義を改めて考える機会となった。	社員の皆さんの話をよく聞き，きちんと理解して仕事に何を合っていた。日に日に次の仕事を考え，自分で判断し行動していた。

STEP7　職場体験活動で得た経験を今後の学校生活のどんな場面で活かせるだろう③

あいさつ，準備や片付けの大切さは，学校生活と同じだった。また，自分で判断することの大切さを知った。挨拶を大事なことは仕事にもつながることを意識して生活したい。

> 【主体的態度】
> 本時評価の中心
> 「学校で大事なことは仕事にもつながることを意識して生活したい」との記述から職場体験活動で学んだことを学校生活で生かそうとしていることが分かる。

○　ＳＴＥＰ７の見取りの例

　　十分満足できる活動の状況と評価できる生徒Ｄの場合

> 後述４（１）担当教師からのコメントとも合っている。

職場体験では，コミュニケーションの大切さを感じました。お客さんがお店の方と話をしているときに，一緒に来た方が独りで退屈そうにしていたので，「一緒に来ている人に自分が対応してもいいですか」と言えました。また，Ｂさんに仕事をお願いしたことを，Ｂさんはリーダーシップがあるね！といってくれました。・・・商業高校に進学して，人を笑顔にできる職業に就きたいと考えています。学校生活でも大きな声であいさつし，学級のみんなが気付かないところでも自分がやろうと思います。

> 体験活動を学校生活につなごうとする【主体的態度】を見取ることができる。

> 後述４（１）応援シートの友達の声を，自分事として捉えている。

4　総括評価方法の工夫例

（1）職場体験活動の評価例

　職場体験など体験活動は，担任が直接見取れないことが多い。そこで，評価に当たっては，担任以外の担当教師の見取りの他に，生徒本人の自己評価，一緒に活動した友人からの声，職場の方からのコメントを含めて総合的に判断して評価をすることが求められる。ただし，評価者はあくまでも担任であり，生徒の学習活動である自己評価や友人からの声，職場の方からコメントは学習評価を行うための参考資料であることを忘れてはならない。

生徒氏名	参考資料			担任メモ
	自己評価	友人からの声	担当教師からのコメント	
A	○	大きな声で目立っていたね。	職場では，笑顔でお客さんに対応していた。	
B	○	最初と最後のあいさつがきちんとしていたよ。		
C	○	いつもていねいにコメント書いていたね，字がきれい。	分からないことは積極的に質問し，丁寧に仕事をしていた。	○職場体験で書類整理の経験をした後，2学期の書記をしてみたいと言うようになった。
D		目標がしっかりしているって職場の人がほめていたよ。	職場の方からの評価がいい。仕事に対する提案もあったという。班のリーダーとして，生徒をよくまとめていた。	○自分の将来の職業について，職場の方に相談し，具体的な進学先まで考えられるようになった。

> 体験活動においては，担任が直接対象生徒を見取れないことが多いので，担当教師からのコメントを参考にすることが考えられる。

> 応援シートのＢからの記述とも合っており，評価の客観性が担保できると考えられる。

教師が評価を行う際には，担当教師のコメントに加え，他の生徒からの情報も参考となる。本事例では，個人が学んだことに対して，他の生徒からメッセージを受け取る「応援シート」を用いているが，応援シートBからの記述は担当教師からのコメントの内容とも合っており，評価の客観性が担保できると考える。また，こうした応援シートの取組は，お互いのよいところを見つけ，認め合う学習活動を効果的に展開する上でも有用である。

応援シート

グループでの（　D　）さんの発表を聞いて，これからの学校生活の場面と具体的な行動を応援してあげよう

自分たちのグループは，総合発表会で舞台での報告が決まっているので，職場体験でいろいろ指示してくれたように<u>リーダーシップを発揮し，グループの発表計画をまとめてください</u>。自分も協力します，いい発表ができるようにがんばろう！

（　B　）より

職場体験活動で学んだことを，他者から共感的に評価されることにより，意思決定の後押しになると考えられる。

（2）全体を見通した補助簿

ここでは，全体を観点別による評価補助簿を例示する。

担任メモの番号と連動させた数字で整理することにより，○の根拠が分かるようにする。

生徒	知・技		思・判・表		主体的態度		担任メモ	総括
D	①				②	③	① 学ぶ意義，働く意義をよく理解している。（5／22） ② 人間関係形成には挨拶が大事であることを理解し，常に笑顔を心がけようとしている。（6／11） ③ 進路に明確な目標をもち，課題解決に向けて日々努力しようとしている。（7／1）	○
B	①			a			① 職場体験活動を通じて働く意義を理解している。（5／10） a 6／1 役割について面談	
C	①		②		③		① 自分の役割を理解している。（6／17） ② 社会における自分の役割を考え，表明し，実行しようとしている。（7／4）	

評価を指導に生かすため，場合によっては指導したことを記録することも考えられる。

総括で○をつける際には，学校で共通理解を図っておくことが重要である。

特別活動　　事例3

キーワード　生徒会活動の指導と評価の計画から評価の総括まで

議題
全学年「学校生活を見直そう」

内容のまとまり
生徒会活動(1)「生徒会の組織づくりと生徒会活動の計画や運営」 関連：学級活動(1)ウ「学校における多様な集団の生活の向上」

1　生徒会活動(1)で育成を目指す資質・能力

○　生徒会やその中に置かれる委員会などの異年齢により構成される自治的組織における活動の意義やその活動のために必要なことを理解し，行動の仕方を身に付けるようにする。

○　生徒会において，学校全体の生活をよりよくするための課題を見いだし，その解決のために話し合いを行い，「合意形成を図る」，「意思決定をする」，「人間関係をよりよく形成する」ことができるようにする。

○　自治的な集団における活動を通して身に付けたことを生かし，多様な他者と協働し，学校や地域社会における生活をよりよくしようとする態度を養う。

2　評価規準（内容のまとまりごとの評価規準）

よりよい生活を築くための知識・技能	集団や社会の形成者としての思考・判断・表現	主体的に生活や人間関係をよりよくしようとする態度
生徒会やその中に置かれる委員会などの異年齢により構成される自治的組織における活動の意義について理解している。 全校の生徒をもって組織する大きな集団での活動のために必要なことを理解し行動の仕方を身に付けている。	生徒会において，学校全体の生活をよりよくするための課題を見いだしている。 全校の生徒をもって組織する大きな集団における課題解決のために話し合い，合意形成を図ったり，意思決定したり，人間関係をよりよく形成したりしている。	自治的な集団における活動を通して身に付けたことを生かして，多様な他者と協働し，学校や地域社会における生活改善を図ろうとしている。 3年間や全校という視野で見通しをもったり振り返ったりしながら，よりよい生活を築こうとしている。

3　指導と評価の計画

　生徒会活動「生徒会の組織づくりと生徒会活動の計画や運営」の指導計画と評価の事例である。生徒総会を通じて学校生活を見直すことを議題にした一連の活動計画例，1単位時間の指導計画例，ワークシートを参考とした評価の工夫例を示した。また，教師の補助簿を活用して評価資料を累積する工夫例についても取り上げた。

【一連の活動と評価】

	議題 （ねらい・学習活動）	目指す生徒の姿		
		知識・技能	思考・判断・表現	主体的態度
学級	後期学級組織を決めよう	主体的に組織をつくること，役割を分担		互いの個性を生かして主体的に組織をつ

活動		することの意義を理解している。		くろうとしている。
放課後の委員会	各種専門委員会で学校生活の向上のために委員会として取り組む活動を考えよう		学校生活の充実と向上のために，委員会として取り組むべき課題を考えている。	
学級活動	生徒総会に向けて学級審議を行おう		執行部，各委員会からの提案が，学校生活の充実と向上につながる活動になっているか考えている。	学校生活の充実と向上を図るために，学校全体の生活の課題を見いだそうとしている。
帰りの会	質問・意見に対しての回答集について検討しよう		学級審議を通して出した意見や質問に対する回答について，検討している。	
生徒総会	学校生活を見直そう	学校生活の充実と向上のために，目標を設定し，主体的に組織づくりや役割分担を行って協働して実行することの意義を理解している。協働して実行するために必要な計画や運営，合意形成の仕方などを身に付けている。	生徒総会や各種の委員会において，学校生活の充実と向上のための課題や生徒の提案を生かした活動の計画について考えている。	集団の形成者として，多様な他者と，互いの個性を生かして協力し，積極的に学校生活の充実と向上を図ろうとしている。

4　学級活動「生徒総会に向けて学級審議を行おう」について

（1）議題

・生徒総会に向けて学級審議を行おう。

（2）目指す生徒の姿

・執行部，各委員会からの提案が学校生活の充実と向上につながる活動になっているか考えている。

・学校生活の充実と向上を図るために学校全体の生活の課題を見いだそうとしている。

（3）本時の展開

	学習内容及び学習活動	○目指す生徒の姿 指導上の留意点
導入	0　議案書を読む 1　議案書審議のねらいについて共有する ・全校のこれからを決める大切な総会に向けての学級審議の時間であることを学級全員で確認する。 ・リーダー学年としての自覚をもって話し合いに参加する。 2　学習課題を確認する	・始業前に議案書を読むように指導する。 ・建設的な話し合いになるように，審議のねらいを全体で共有する。
	生徒総会に向けて学級審議を行おう	
展開	3　執行部から後期のスローガン・基本方針を提案する ・全校が関わる後期のスローガン，基本方針について，執行部から提案する。自分事として審議に入ることができるよう，ねらいをもって提案する。 4　班ごとに審議する ・執行部からの提案について，個人の意見を班ごとにまとめる。全校の活動がよりよくなるように建設的な意見を述べるようにする。 5　各委員会担当から提案する ・各委員会担当から後期の活動について提案する。 6　班ごとに審議する ・委員会担当からの提案について，個人の意見を班ごとにまとめる。全校の活動がよりよくなるように建設的な意見を述べるようにする。	・提案に対して，個人で意見をもてるようにする。 ○執行部からの提案が，学校生活の充実と向上につながる活動になっているか考えている。【思考・判断・表現】〈観察〉 ・専門委員会に主体的に臨んだうえで，学級審議に入れるようにする。 ○各委員会からの提案が，学校生活の充実と向上につながる活動になっているか考えている。【思考・判断・表現】〈観察〉
終末	7　本時の振り返り ・生徒総会に向けて，学校をよりよくしていくという視点に立って学級審議に臨むことができたかどうかを振り返る。	○学校生活の充実と向上を図るために，学校全体の生活の課題を見いだそうとしている。【主体的に学習に取り組む態度】〈観察・振り返りシート〉

5　議題（ねらい・学習活動）ごとの評価の進め方
（1）議題（ねらい・学習活動）ごとの振り返り

　議題（ねらい・学習活動）ごとに振り返りを書き，それぞれの評価項目について見取る。

①　後期学級組織を決めよう

　生徒の振り返りシートを学習評価の参考にするに当たって，留意すべきは，まず，目指す生徒の姿を具体的に設定することである。目指す姿が抽象的だと生徒の記録の多くがその対象になってしまい，参考とするポイントがぼやけることになる。

　具体的な目指す姿に照らして，「○○することができた」などの生徒も理解できる振り返りの項目を設定することにより，自由記述の質を高めていくための工夫をした事例である。

振り返りシート

		あてはまる　　　　　　あてはまらない

1．主体的に組織決定の話合いに臨むことができた　　　　　　4・3・2・1

2．役割を分担することの意味を考えて話し合うことができた　　4・3・2・1

3．個性を生かすことができるように役割分担することができた　4・3・2・1

4．これから学級のために自分がやるべきこと，頑張って取り組んでいくべきことを書こう
　（自由記述）

目指す生徒の姿

○主体的に組織をつくること，役割を分担することの意義を理解している。【知識・技能】

○互いの個性を生かして主体的に組織をつくろうとしている。【主体的態度】

	自由記述の例	知識・技能	主体的態度
A	意見をまとめる方法を身に付けています。みんなを自然と導けるようなリーダーを目指します。	○	○
B	一人一人の意識が高い学級をつくりたいです。		○
C	一つ一つの仕事を丁寧に理解しています。	○	
D	多様な意見を理解し，活発な話合いになるように努力します。	○	○

②　生徒総会に向けて学級審議を行おう

振り返りシート

		あてはまる　　　　　　あてはまらない

1．主体的に学級の話合いに臨むことができた　　　　　　　　　4・3・2・1

2．執行部からの提案が，学校生活の充実と向上につながる活動
　になっているか考えることができた　　　　　　　　　　　　4・3・2・1

3．各委員会からの提案が，学校生活の充実と向上につながる活
　動になっているか考えることができた　　　　　　　　　　　4・3・2・1

4．学校生活の充実と向上を図るために，学校全体の生活の課題
　を見いだそうとした　　　　　　　　　　　　　　　　　　　4・3・2・1

5．これから学級・学校のために自分がやるべきこと，頑張って取り組んでいくべきことを書こう
　（自由記述）

目指す生徒の姿

○執行部，各委員会からの提案が，学校生活の充実と向上につながる活動になっているか考えている。【思考・判断・表現】

○学校生活の充実と向上を図るために，学校全体の生活の課題を見いだそうとしている。【主体的態度】

	記述例	思考・判断・表現	主体的態度
B	話し合われたことを自分事として捉え，よりよい委員会活動にするための方法を考え，今後の行動に反映させていこうと思います。	○	○
C	改めて三大文化（委員会活動，生徒会対面式，3年生を送る会）の在り方について考えることができた。これからはリーダーを支えていけるような具体的な方法を考えます。	○	

③ 学校生活を見直そう（生徒総会）

振り返りシート

あてはまる　　　　あてはまらない

1．主体的に全校の話合いに臨むことができた　　　　　　4・3・2・1
2．学校全体の課題を解決するために話し合うことができた　　　4・3・2・1
3．学校生活の充実と向上を図るために，学校全体の生活の
　課題について解決策を考えようとした　　　　　　　　　4・3・2・1
4．生徒総会を終えて，改めてこれから学級・学校のために自分がやるべきこと，頑張っていくべきことを書こう。（自由記述）

目指す生徒の姿
○協働して実行するために必要な計画や運営，合意形成の仕方などを身に付けている。【知識・技能】
○学校生活の充実と向上のための課題や提案を生かした活動の計画について考えている。【思考・判断・表現】
○互いの個性を生かして協力し，積極的に学校生活の充実と向上を図ろうとしている。【主体的態度】

	記述例	知識・技能	思考・判断・表現	主体的態度
E	同じ学年の仲間が一生懸命に答弁している姿を見て，自分が支えていこうと思った。			○
A	言葉で終わらせないで行動で示せるようにして，リーダーとして何をすべきなのか，どんな行動をとればいいのかを考えて身に付け，行動に移していこうと思う。	○	○	○

（2）一連の活動の振り返り

　組織の決定，学級審議，生徒総会を通して，生徒会活動への関わり方を考えることができているかを，単位時間の振り返りから総括的に評価する。

第3編
事例3

- 63 -

組織の決定から，学級審議，生徒総会を通して，「生徒会」の活動に関わっていくものであるため，補助簿への記載方法も一連の活動のどの段階かがわかるよう工夫することが考えられる。

例えば，| 組織の決定 → 組，　学級審議 → 学，生徒総会 → 生 | といった，活動の略称等と併せて生徒の様子を記載することもありうる。

また，生徒総会は全校で行う場面の一つである。生徒一人一人の活動の状況を把握するために，学年や全校の教師が評価資料を共有することができるようにする。

> 組織決めや学級審議の場面では担任がそのときの様子をメモし，評価に生かすようにする。

> 生徒総会の場面では担任以外から見た生徒の様子をメモ等にしてもらい，それを共有することで評価に生かすようにする。

		知・技	思・判・表	主体的態度	メモ	総括
1	A	○	○	○	組：学級委員長に立候補し，目指す学級の姿を語った 学：委員会の提案に対して賛成意見を述べた 生：代案を示し，建設的な意見を述べた	○
2	B		○	○	学：生徒会が提案する取組により具体的な活動を提案した 生：相手の意見に対して自分の考えを述べることができた	○
3	C	○			学，生：議論が逸れないように会を進めることができた	
4	D	○	○	○	組：前期から務めている委員会を続けたいと立候補した 生：生徒会長としてどんな学校にしていきたいかはっきりと伝えていた	○
5	E			○	生：発言はしていないが，答弁の内容を議案書にメモしていた	

《Aの生徒についての生徒総会における評価の例》

① 知識・技能の観点について

協働して実行するために必要な計画や運営，合意形成の仕方などを身に付けている。

【知識・技能】

この生徒は，学級委員長として総会が速やかに運営できるように学級をまとめることができ，また，他学級や他学年の意見に耳を傾け，賛成・反対の意思を明確に示すことができた。このことから，目指す姿に照らして十分満足できる活動の状況と考えることができるため，【知識・技能】の欄に○が付けられている。

第3編
事例3

② 思考・判断・表現の評価について

学校生活の充実と向上のための課題や提案を生かした活動の計画について考えている。

【思考・判断・表現】

この生徒は，総会の中で，ボランティア委員会が提案した，学校生活の充実と向上を図るための計画に対して，全校生徒の参加という観点から考えることができており，「ボランティア委員だけが活動するのではなく，生徒一人一人が自発的に協力して活動していきたい。」という発言をした。全校生徒の参加という自分なりの観点から考えることができており，目指す姿に照らして十分満足できる活動の状況と考えることができるため，【思考・判断・表現】の欄に○が付けられている。

③ 主体的に学習に取り組む態度の評価について

互いの個性を生かして協力し，積極的に学校生活の充実と向上を図ろうとしている。

【主体的態度】

この生徒は，生徒会活動の基本方針である『あいさつの意識向上』という提案に対し，「授業でのあいさつは良くなってきているが，廊下でのあいさつを活発化させるために，具体的な活動を考えるべきである。」と発言した。生徒会執行部や各種委員会委員長の考えを尊重し，提案の良いところに触れながら，学校全体をよりよくするために必要なことに触れて発言したことから，目指す姿に照らして十分満足できる活動の状況と考えることができるため，【主体的態度】の欄に○が付けられている。

6 生徒会活動を補助簿で評価する例

次の資料は，生徒会活動について，委員会活動の様子や行事への協力の様子について見取るための補助簿の例である。委員会活動や行事への協力の様子など，それぞれの担当者が協力し，必要に応じてメモ欄に記載するなどして，評価の一助としていくことが考えられる。

	氏名	委員会活動			生徒会対面式			3年生を送る会			メモ	総括
		知・技	思判表	主体的	知・技	思判表	主体的	知・技	思表判	主体的		
1	A		○	○	○	○	○		○	○	音楽委員会として，対面式に向けて計画的に合唱練習の日程を組み見通しをもって活動した。	○
2	B				○	○	○	○	○	○	3年生を送る会に向け，学級ごとの発表の案を出し，会の充実に協力した。	○
3	C	○		○	○					○	生活委員長として，時間を守って行動できるような活動を計画した。	
4	D	○	○	○			○			○	広報委員会として，広報文化の発展のため意欲的に新聞を発行した。対面式や送る会についての記事を取り上げるなど，行事を盛り上げるための活動を行った。	○

5	E	○			○			○		与えられた仕事をしっかり行った。	

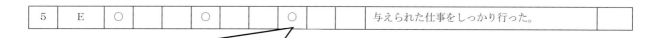

	知識・技能	思考・判断・表現	主体的態度
委員会活動	学校生活の充実・向上に向けて，計画的に取り組むことの大切さを理解し，実践している。	学校生活の充実・向上に向け話し合い，活動内容を考えている。	学校生活の充実・向上に向けて計画的に取り組もうとしている。
行事への協力	学校行事において，生徒会としての考えを生かすための仕組みづくりなどを理解している。	学校行事の特質に応じて，生徒会としてどのような協力を行うべきか考えている。	生徒会の活動が学校行事の充実につながるように話し合ったり，活動したりしようとしている。

目指す姿に照らして，十分満足できる活動の状況と考えられる場合，○を付けることとする。

総括的評価について，○の数がいくつで「十分満足できる活動の状況」とするなど，校内で共通理解を図り方針を明確にして，年間の評価の欄に○を付ける。

第3編
事例3

参考　生徒総会時における指導と評価の計画

7　「学校生活を見直そう」について

（1）議題
・学校生活を見直そう。

（2）目指す生徒の姿
・学校生活の充実と向上のために，目標を設定し，主体的に組織づくりや役割分担を行って協働して実行することの意義を理解している。協働して実行するために必要な計画や運営，合意形成の仕方などを身に付けている。
・生徒総会や各種の委員会において，学校生活の充実と向上のための課題や生徒の提案を生かした活動の計画について考えている。
・集団の形成者として，多様な他者と，互いの個性を生かして協力し，積極的に学校生活の充実と向上を図ろうとしている。

（3）本時の展開

		学習内容及び学習活動	○目指す生徒の姿 指導上の留意点
導入	1	開会のあいさつ（生徒会長）	
	2	議長を選出する	・建設的な話合いになるように，審議のねらいを全体で共有する。
	3	議案書審議のねらいについて共有する ・生徒総会を通じて学校生活を見直し，よりよいものにしていく意義を確認する。 ・全校生徒一人一人が自分事として捉えることができるように促す。	
		学校生活を見直そう	
展開	4	執行部から前期の活動内容や決算を報告する ・全校で行った活動内容や決算について，執行部から報告する。	・提案に対して，個人で意見をもてるようにする。
	5	審議，合意形成する ・執行部からの報告について，あらかじめ学級審議した結果を基に建設的に述べるようにする。 ・挙手により個人の判断結果を明らかにする。	○執行部や各委員会からの提案から，学校生活の充実と向上のための課題や生徒の提案を生かした活動の計画について考えている。【思考・判断・表現】〈観察〉
	6	執行部から後期の基本方針，活動計画，予算を提案する ・全校が関わる後期の基本方針，活動計画，予算について，執行部から提案する。自分事として審議に入ることができるよう，ねらいをもって提案する。 ・執行部及び美化委員会からの提案事項である「全校合唱」「地域美化清掃」について提案する。	・提案に対して，個人で意見をもてるようにする。
	7	審議，合意形成する ・執行部及び委員会からの提案について，あらかじめ学級審議した結果を基に修正意見などを建設的に述べるようにする。 ・挙手により個人の判断結果を明らかにした上で，練り上げた合意を受け止め，その実現（実践）に向けて見通しをもつ。	○学校生活の充実と向上のために，目標を設定し，主体的に組織づくりや役割分担を行って協働して実行することの意義を理解している。協働して実行するために必要な計画や運営，合意形成の仕方などを身に付けている。【知識・技能】〈観察〉
	8	決定事項を確認する	
終末	9	本時の振り返り ・学校生活をよりよくしていくという視点に立ち，生徒総会に臨むことができたかどうかを振り返る。	○集団の形成者として，多様な他者と，互いの個性を生かして協力し，積極的に学校生活の充実と向上を図ろうとしている。【主体的態度】〈観察・振り返りシート〉

特別活動　　事例4

キーワード　学校行事の指導と評価の計画から評価の総括まで

学校行事	内容のまとまり
全学年　合唱コンクール 「互いのよさを生かそう」	学校行事(2)文化的行事 関連：学級活動(1)ア「学級や学校における生活上の諸問題の解決」

1　学校行事(2)で育成を目指す資質・能力

○　他の生徒と協力して日頃の学習や活動の成果を発表したり，美しいものや優れたものを創り出し，自ら発表し合ったりする活動に必要な知識や技能を身に付ける。

○　他の生徒と協力して日頃の学習や活動の成果を発表したり，美しいものや優れたもの，芸術的なものに触れたりして，自他の個性を認め，互いに高め合えるようにする。

○　集団や社会の形成者として，互いに努力を認めながら協力して，よりよいものを創り出し，発表し合うことによって，自己の成長を振り返り，自己のよさを伸ばそうとする態度を養う。

2　文化的行事の評価規準（内容のまとまりごとの評価規準）

よりよい生活を築くための 知識・技能	集団や社会の形成者としての 思考・判断・表現	主体的に生活や人間関係を よりよくしようとする態度
美しいものや優れたものを創り出し，自ら発表し合ったり，芸術的なものや伝統文化を鑑賞したりする活動に必要な知識や技能を身に付けている。	日頃の学習活動の成果発表や芸術，伝統文化に触れ，個性を認め，互いに高め合いながら実践している。	文化的な視点から自己の成長を振り返ったり，見通したりしながら，自己を一層伸長させようとしている。

3　指導と評価の計画

　学校行事「文化的行事」の指導計画と評価の事例である。合唱コンクールを通じて学級生活の改善や自己実現を図ることをテーマ（題材，議題）にした一連の活動計画例，1単位時間の指導計画例，ワークシートを参考とした評価の工夫例を示した。また，教師の補助簿を活用して評価資料を累積する工夫例についても取り上げた。

【一連の活動と評価】　例：9月1日〜9月30日

	議題及び題材 ねらい・学習活動	目指す生徒の姿		
		知識・技能	思考・判断・表現	主体的態度
学校行事 9月1日	今年の合唱コンクールの目標を作ろう。	合唱コンクールに向けて，学級の目標を立てることの意味を理解している。	学級の仲間の考えを尊重しながら，合意形成を図ることができる。理想を実現するために自分がすべきこと，学級のためにできることを考えている。	合唱コンクールを終えたときの理想をイメージして，目標を考えようとしている。

帰りの会 3日	学級スローガンを達成するために，個人の目標を立てよう。	学級の仲間と目標を共有することの大切さを理解している。		理想を実現するために自分がすべきこと等に取り組もうとしている。
学校行事 17日	中間発表会をしよう。	他学級と交流することのよさを理解している。	他学級のよさを考えている。これまでの自分の取り組みについて振り返っている。	他学級の合唱から，よさを見付けようとしている。これまでの練習で自分ができたこと，してもらったことを見付けようとしている。
学校行事 18日	合唱コンクールに向けた中間振り返りをしよう。		学級で定めたスローガンに向けて今までの自分の取り組み方がどうだったかを振り返って考えている。	「なりたい自分」「学級をこうしていきたい」という理想に近づけているか振り返り，学級の合唱をよくしようとしている。
帰りの会 23日	合唱練習を充実させよう。		学級で決めた方策に取り組んでいる。	
学校行事 29日	合唱コンクール「互いのよさを生かそう」	目標に向かって互いのよさを生かし合い，努力することの大切さを理解している。	互いのよさを生かし合うために自分ができることを考えている。	互いのよさや可能性を生かし合い，よりよい合唱をつくろうとしている。
学級活動 30日	合唱コンクールを振り返ろう。	仲間と協力し，目標に向かって努力することの大切さを理解している。	仲間と協力して取り組んだことで，これから学級のために自分ができることを考えている。	合唱への取り組みを振り返り，自己の成長に気付き，よさを伸ばそうとしている。

4　学校行事「（中間発表会直後）合唱コンクールに向けた中間振り返りをしよう」について

　＊　中間発表会と連続した時間を用いて学校行事として実施する話合い活動の事例

（1）テーマ（題材，議題）

　　・合唱取組の中間振り返りをしよう。

（2）目指す生徒の姿

- 学級で定めたスローガンに向けて今までの自分の取り組み方がどうだったかを振り返って考えている。
- 「なりたい自分」「学級をこうしていきたい」という理想に近づけているか振り返り，学級の合唱をよくしようとしている。

（3）本時の展開

		学習内容及び学習活動	○目指す生徒の姿 指導上の留意点
導入	1	中間発表会の振り返りをする ・プリントに各自成果と課題を記入する。	・音楽的なことだけでなく，態度や心構えについて考えられるようにする。
	2	成果と課題を交流する ・それぞれが記入した成果と課題を交流し，今の自分たちの現状を把握する。	・明らかになった成果と課題について，なぜ成果とすることができたのか，なぜいまだに課題となっているのかを考えられるようにする。
	3	学習課題を確認する。 合唱取組の中間振り返りをしよう	
展開	4	個人で考える ・成果と課題からこれからの練習をよりよいものにするために個人で具体的な方策を考える。	・これからの合唱練習に取り入れられるものを具体的に考えさせる。 ・班員の考えから班で考える方策を三つに絞り，順位付けをさせる。
	5	班で考える ・班員の考えから，学級の活動のために必要な方策を考える。	○学級で定めたスローガンに向けて今までの自分の取り組み方がどうだったかを振り返って考えている。【思考・判断・表現】〈観察・ワークシート〉
	6	全員で決める ・各班の案から，これからの合唱練習で取り組んでいく方策について決める。	・全員で取り組む方策にするために話し合い，合意形成を図る。 ○「なりたい自分」「学級をこうしていきたい」という理想に近づけているか振り返り，学級の合唱をよくしようとしている。【主体的態度】〈観察・ワークシート〉
終末	7	これからの自分について考える ・「なりたい自分」に近づくために，「互いのよさを生かすために」自分ができることすべきことについて，改めて考える。	・「自分がどうなりたいのか」，「互いのよさを生かすためにできることは何か」について新たな見通しをもたせる。

（4）ワークシートの記述内容を参考にして評価する工夫例

　次の資料は，本時で用いたワークシートである。その記述内容から，生徒の思考の変容などを見取り，評価の参考とした例である。

合唱練習の中間振り返りをしよう

組　番　氏名

1. 合唱交流会の振り返りから，これまでの学級の成果と課題を考えよう。

成果	課題
・リーダーの話を聞いているとき，静かに集中して聞くことができた ・呼びかけがあったときに，しっかりと返事をして反応してくれる人がいた	・声を出していない人がいた ・話し合ったことを合唱に反映でき ・整列ができていなかった ・積極性がなかった

2. よりよい合唱練習にするために方策を考えよう。

自分の考え
・見ら練をして自主的に口を大きくあけるようにする
・歌詞の意味の確認 → 歌詞カードにメモ

班として （メモ） ・レク班などが回ってアドバイスする ・返事が聞こえるまで何回も言う ・当番制	結論 1位　見ら練 2位　呼びかけ，コメントの当番制 3位　巡回

学級として
・見ら練（少人数で歌う）
・ミニ歌詞カード
・レク班が良い人を見つけてその人が見回る

3. 合唱練習の残された時間で，個人として，具体的に何をがんばるのか決意表明しよう。

なりたい自分に近づくため	なりたい学級に近づくため
・ミニ歌詞カードに書き込め ・腹筋を使って芯のある声にする ・相手の気持ちも考えた声がけをする	・出だしをしっかり歌う ・クラスが一丸になるために本音で話し合う ・話し合い後の"ノーサイド"を守る

＜吹き出し（右上）＞
学級で定めたスローガンに向けて今までの自分の取り組み方がどうだったかを考えている。【思考・判断・表現】の観点から，これらの記述を評価していくことが考えられる。例えば，学級の課題として「声出しや整列ができていない」「積極性がなかった」ことが挙げられている。それに対して，「しっかり歌う」に加え，「腹筋を使って芯ある声にする」「相手の気持ちを考えた声がけをする」という具体的な目標を設定している。スローガン「この36人にしかできない合唱をつくろう」の達成に向けて自分の取り組み方を振り返るという学習過程を踏まえて，十分満足できる活動の状況と考えられる。

＜吹き出し（下）＞
「なりたい自分」「なりたい学級」という理想に近付けているか振り返り，学級の合唱をよくしようとしている。【主体的態度】の観点から，この記述を評価していくことが考えられる。例えば，この記述では「話し合ったことが合唱に反映できなかった」という課題に対して「クラスが一丸になるために本音で話し合う」というポイントを設定している。また，本音の「話し合いの後の"ノーサイド"を守る」という記述から「学級の合唱（生活）をよくしようとしている」という目指す生徒の姿に照らして十分満足できる活動の状況と考えられる。

5 観点別学習状況の評価の進め方（学習プリントを用いた評価）

行事（合唱コンクール）を通して目指す姿を具体的にし，その実現に向けて取り組む中で，どのように変容しているか学習プリントの記述から評価する。

（1）自己評価

・学級の合唱コンクールに向けたスローガン作りをしたときに，個人の目指す理想の姿を具体的に目標設定することができたかを振り返る。

・取組の中で，「自分がこうなりたい」「互いのよさを生かし合う」と掲げた姿に近付くことができたかを具体的な場面を想起して振り返る。特に，自分の中で変わった部分，人のために頑張ることができた部分について考えさせることで，自己の成長に気付く。

【事前】　　　　　　　　　　　　　　　　　【事前】

> 仲間と協力して取り組んだことで，これから学級のために自分ができることを考えることができる。【思考・判断・表現】という姿について，これから自分がやるべきことが明確に記述されており，十分満足できる活動の状況と考えられる。

【本時】

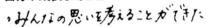
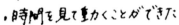

> 仲間と協力し，目標に向かって努力することの大切さを理解している。【知識・技能】という姿について，「みんなの思いを考えることができた」「リーダーを支えることができた」という記述から，十分満足できる活動の状況と考えられる。

> 合唱への取組を振り返り，自己の成長に気付き，よさを伸ばそうとしている。【主体的態度】という姿について，自分ががんばるべきことの記述から，「相手の気持ちを考え一人一人に声がけしたい」「もっと行動力をつけたい」などという自己の成長に気付き，それを伸ばそうということが表現されており，十分満足できる活動の状況と考えられる。

（２）相互評価

- 「学級のために自分ができること」「互いのよさを生かし合う」に取り組んだ結果，仲間からどのように見られていたかを知ることで，自己の成長に気付かせる。また，仲間からしてもらってよかったと思うことをフィードバックすることで，これから自分が学級のために更にできることがあるかという視点で考えさせる。

《ワークシート》

```
合唱コンクールの取り組みを振り返ろう
                    組  番 氏名
1. 合唱コンクールへの取り組みの中で一番の思い出は？

2. 成長したところは？
【自分が成長したこと】        【学級として成長したこと】

3. これからもっと頑張っていきたいとは？
【自分が頑張りたいこと】       【学級として頑張りたいこと】

4. これまでの取り組みを通して
（1）合唱スローガン『        』の実現のために
【自分が学級のためにできたこと】  【学級の仲間にしてもらったこと】

（2）学級 MVP は？
    私が選ぶ合唱コンクール MVP は        さん！

【理由】

5. 来年の自分へのアドバイスをかいてみよう。

```

学級 MVP は？の記述から

A さん　○指揮者としてもリーダーとしても専門的なアドバイスやみんなのやる気を出させるような声がけで引っ張ってくれた。

　　　　○みんなに熱意を与えてくれた。クラスがまとまらないときがんばってまとめてくれた。

B さん　○呼びかけをしてくれた。

　　　　○練習を仕切るだけでなく，自らも一生懸命やっていた。

C さん　○パート全体を引っ張ってくれた。

　　　　○分からないところを教えてくれたり，周りに呼びかけたりしてくれた。

D さん　○合唱を引っ張ってくれたし，とても行動力があり，いざというときにとても頼りになった。

E さん　○リーダーがいないときに，誰よりも声を出して引っ張っていた。

…さん　○やっぱりみんなが MVP じゃない。

…さん　○みんなが MVP。だって誰一人欠けてもこの合唱はできなかったから。

	知識・技能	思考・判断・表現	主体的態度
A	○	○	○
B	○		
C		○	○
D		○	○
E	○		

他者評価・相互評価を参考とすることも考えられる。

《Aの生徒について他者からの評価（右上参照）に関する評価の例》

① 知識・技能の観点について

仲間と協力し，目標に向かって努力することの大切さを理解している。【知識・技能】

この生徒は，他者から，「指揮者としてもリーダーとしても，みんなのやる気を出させるような声がけで引っ張ってくれた。」という評価を受けており，互いのよさを生かしていたこと，努力するこ

との大切さを理解していたことが分かる。このことから，目指す姿に照らして十分満足できる活動の状況と考えることができるため，【知識・技能】の欄に○が付けられている。

② 思考・判断・表現の評価について
　仲間と協力して取り組んだことで，これから学級のために自分ができることを考えている。

【思考・判断・表現】

　この生徒は，他者から，「専門的なアドバイス」や「クラスがまとまらないときがんばってまとめてくれた。」という評価を受けており，自分がすべきこと，学級のためにできることを考え行動していたと考えられる。このことから，目指す姿に照らして十分満足できる活動の状況と考えることができるため，【思考・判断・表現】の欄に○が付けられている。

③ 主体的に学習に取り組む態度の評価について
　合唱への取り組みを振り返り，自己の成長に気づき，よさを伸ばそうとしている。【主体的態度】
　この生徒は，他者から，「みんなに熱意を与えてくれた。」という評価を受けており，理想を実現するために自分がすべきこと等に取り組もうとしていたことがわかる。このことから，目指す姿に照らして十分満足できる活動の状況と考えることができるため，【主体的態度】の欄に○が付けられている。

| 学校行事の補助簿の例１ |

　学校行事について，それぞれの観点に合わせて補助簿を作成することが考えられる。その際，例えば，（1）儀式的行事　（2）文化的行事　（3）健康安全・体育的行事　（4）旅行・集団宿泊的行事　（5）勤労生産・奉仕的行事　について下記のように記録をしておくことで，総括的な評価を行う際の参考にすることができると考える。また，生徒のプリント等への記述内容に加え，メモ欄に生徒の様子を記録しておくことで，評価の参考資料とできると考える。

番号	氏名	知識・技能	思考・判断・表現	主体的態度	担任メモ	総括
1	A	（2）（3）（4）	（2）（3）（4）	（2）（3）（4）	（2）合唱コンクールに向けて専門的なアドバイスをした。 （3）体育祭では応援団長を務め，学級の団結力を高めた。 （4）宿泊行事では，現地の方と積極的にコミュニケーションを取り，自分の考えを深めていた。	○
2	B	（2）（4）（5）	（4）（5）	（2）（4）（5）	（2）時間になると練習開始の呼びかけをした。 （4）宿泊行事では，時間を見て行動し，学級全体に指示を出した。また校外での生活の在り方を考えて行動した。	○

					活動の記録	年間の評価
					（5）幼稚園ボランティアに参加し，遊具を丁寧に洗った。	
3	C	（1）（5）	（1）（2）（5）	（1）（2）（5）	（1）入学式で生徒代表として新入生歓迎のことばを述べた。 （2）パートリーダーとして音取りの中心になって練習した。 （5）台風で被災した方への募金活動を企画し，活動した。	○
4	D	（4）		（5）	（4）宿泊行事で係の仕事を，責任をもって行った。 （5）募金活動に参加した。	
5	E	（3）	（3）	（3）	（3）体育祭では，応援リーダーや選手として活躍した。	

各観点が十分満足できる活動の状況となる行事の種類やメモを参考に総括的な評価を行うことが考えられる。行事の種類がいくつで「十分満足できる活動の状況」とするなど，校内で共通理解を図り方針を明確にして，年間の評価の欄に○を付ける。

第3編
事例4

　学校行事の評価において，すべての学校行事を評価するのではなく，特定の行事に重点を置いて評価することも考えられる。次に示したのは，体育祭，宿泊行事，文化祭の三つの行事に重点を置いた場合の補助簿の例である。

> 各行事で目指す生徒の姿を明確にし，校内で共通理解を図っておく必要がある。

第３編 事例４

番号	氏名	体育祭の意義を理解している。	体育祭に向け、他者と協力して、適切に判断し行動している。集団で協力している。	運動に親しみ、体力の向上に積極的に取り組もうとしている。	校外学習の意義を理解している。	日常とは異なる環境の中で、集団生活の在り方などについて考え、行動している。	校外学習の地で、自然や文化に親しみ、新たな視点から学校生活などの意義を考えようとしている。	文化祭の意義を理解している。	仲間と協力して学習の成果を発表したり、自他の個性を認め、高め合ったりしている。	文化祭活動に見通しをもって取り組んだり、自己の成長を振り返ったりして、自身を高めようとしている。	メモ	総括
		体育祭			校外学習			文化祭				
1	A	○	○	○	○	○	○	○	○	○	応援リーダーとして，場に応じて適切に判断し，指示を出した。(体育祭)　校外での過ごし方について集団としてあるべき姿を理解して行動した。(校外学習)　積極的に合唱練習に取り組んだ。(文化祭)	○
2	B			○	○	○	○			○	積極的にその土地の方とふれあいをもった。(校外学習)　生活係として責任をもって部屋点検を行った。(校外学習)　学級の代表としてステージで自分の考えを発表した。(文化祭)	○
3	C	○	○	○			○			○	運動能力が高く，各種目の作戦を積極的に考え，学級全員で協力する雰囲気をつくった。(体育祭)	○
4	D				○			○			自分がやるべきことについて理解して行動した。	
5	E			○			○			○	がんばろう，向上したいという前向きな姿が他の手本となった。	○

> ○の数がいくつで「十分満足できる活動の状況」とするなど，校内で共通理解を図り方針を明確にして，年間の評価の欄に○を付ける。また，担任は適宜メモを残し，そのコメントの内容を総括的評価に生かすことも考えられる。

①　「特別活動で育成を目指す資質・能力」と「基礎的・汎用的能力」

　キャリア教育については，学習指導要領第1章総則の第4の1の(3)に，次のように示している。

> 　生徒が，学ぶことと自己の将来とのつながりを見通しながら，社会的・職業的自立に向けて必要な基盤となる資質・能力を身に付けていくことができるよう，<u>特別活動を要としつつ</u>各教科等の特質に応じて，キャリア教育の充実を図ること。

　これまで特別活動は，全教育活動を通して行ってきた人間形成の統合的な時間として教育課程に位置付けられてきた。また，昨今では，身近な社会である学校において各教科等で育成した資質・能力について，実践的な活動を通し，社会生活に生きて働く汎用的な力として育成する教育活動としての役割も注目されてきた。（学習指導要領解説特別活動編より）

　つまり，自発的，自治的活動を固有の役割としてきた特別活動は，これまでもキャリア教育が求める基礎的・汎用的な能力の育成に強く関わってきたものであり，そのことを確認，強調する意味で「特別活動を要としつつ」と表現されたものである。

　「今後の学校におけるキャリア教育・職業教育の在り方について」（中央教育審議会答申　H23年1月）では，キャリア教育を「一人一人の社会的・職業的自立に向け，必要な基盤となる能力や態度を育てることを通して，キャリア発達を促す教育」として定義づけた。さらに，その能力や態度を「基礎的・汎用的能力」として，「人間関係形成・社会形成能力」「自己理解・自己管理能力」「課題対応能力」「キャリア・プランニング能力」の四つの内容が示された。また，「基礎的・汎用的能力」とは「社会人・職業人に必要とされる基礎的な能力と現在学校教育で育成している能力との接点を確認」することを通して具体化されるものであることを確認している。

　キャリア教育の要として位置付けられた特別活動において育成を目指す資質・能力の視点として示された「人間関係形成」「社会参画」「自己実現」の三つは，「基礎的・汎用的能力」と重なる点が多い。

　つまり，「特別活動の目標」の実現を目指して，教師の指導や生徒の活動を積み重ねることが，社会的・職業的自立に必要不可欠な資質・能力を育成することになる。

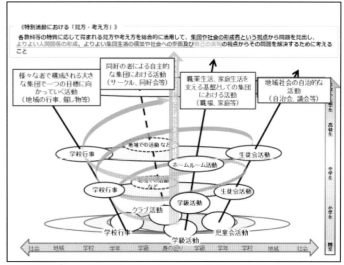

〈資料①　「特別活動で育成を目指す資質・能力」と「社会人・職業人に必要とされる基礎的な能力」の関連イメージ　中教審答申資料（H28）より

②　「キャリア教育の要」としての特別活動

　学習指導要領の改訂により中学校学級活動では内容項目「(3) 学業と進路」が「(3)一人一人のキャリア形成と自己実現」に改められ，小学校にも「(3)一人一人のキャリア形成と自己実現」が新設された。このことにより小・中・高等学校の学習内容が系統的につながった。ここで留意すべきは，「学級活動(3)の充実が特別活動としての要の役割」と安易に捉えないようにすることである。前項

で述べたように，あくまで，キャリア教育が育成を目指す資質・能力と特別活動が育成を目指す資質・能力とが重なっていることが要の理由である。つまり，社会的・職業的自立に必要な資質・能力を育成するためには，特別活動が固有の役割としている生徒の自発的，自治的な活動の充実も重要であることを認識しておきたい。

その上で，学級活動(3)の指導の充実を図ることが求められる。例えば，年度当初において行われる「〇年生になって」や，節目などに行われる「卒業に向けて」などの題材は，その中心的な内容になる。生徒は，学校だけでなく家庭や地域社会の中で生きており，各教科等の授業だけでなく，学校生活や家庭生活の中で様々なことを学んだり役割を担ったりしている。したがって，学級活動(3)の授業では，これらの学びを横につないだり，将来とつないだりしながら自己の生き方について考えを深めることができるようにする必要がある。

③ 「キャリア・パスポート」の活用

	生徒の活動	指導の留意事項
導入	▶「1年間を振り返り新入生へメッセージを書こう」について確認 ▶これから行う活動の流れについて指示	
展開	▶1学期に書いた「〇〇中学校へ入学して」、中学1年学年初めと、各学期末の「キャリア・パスポート」をもとに、入学したころの自分と一年間の自己の成長を個人で振り返る。 ▶自己の成長のきっかけとなったできごとや、成長を支えてくれた人やものなどについて、個人で振り返った内容をグループ内で話し合う。 ▶自分の発表に対するクラスメイトのコメントや、クラスメイトの発表を聞いて感じたことや考えたことをワークシートにまとめる。 ▶個人での振り返りやワークシートの内容をもとに、新入生へ「〇〇中学校へようこそ！〇〇中学校はこんなところ」を作成する。	▶時間内でグループを組み直すなど、クラス内のできるだけ多くの生徒の発表を聞く事ができるよう工夫 ▶他者の意見を否定せず、傾聴の態度を促す。 ▶自己理解や他者理解、新たな人間関係の構築につなげる。 ▶入学時の期待と不安な気持ちをもった自分自身に応援メッセージを送るつもりで考えさせる。
終末	▶入学から学年末まで、授業やさまざまな行事を通して、どのような力が身についたのかイメージする。 ▶「中学生のみなさんへ」や「〇〇中学校のみなさんへ」を読み、2年生に進級するにあたりさらに伸ばしたい力を意思決定すると共に、引き続き「キャリア・パスポート」を作成することの意義を再認識する。	

左に示したのは，題材「1年間を振り返り，新入生へ〇〇中学校紹介（メッセージ）を書こう」（第1学年）における学習過程の例である。（「キャリア・パスポート」例示資料等について H31.3 文部科学省より）

学級活動(3)の指導に当たっては，中学校学習指導要領第5章特別活動第2の3に「学校，家庭及び地域における学習や生活の見通しを立て，学んだことを振り返りながら，新たな学習や生活への意欲につなげたり，将来の生き方を考えたりする活動を行うこと。その際，生徒が活動を記録し蓄積する教材等を活用すること。」と示されていることに留意し，小学校から高等学校まで蓄積していく「キャリア・パスポート」を効果的に活用できるようにする必要がある。学級活動(3)の授業の際に意思決定したことを書き込むカードなどについて，実践を振り返り，努力の状況や成果と課題などを一体にして記録できるようにし，「キャリア・パスポート」として蓄積できるようにすることも考えられる。また，「キャリア・パスポート」の生徒の記述から，取組の過程や状況を見取り，生徒理解を深めたり，学習評価の参考にしたりすることも考えられる。なお，「キャリア・パスポート」は生徒の学習活動（自己評価や相互評価）であり，それをそのまま学習評価とすることは適切でないが，学習評価の参考資料として適切に活用することにより，生徒の学習意欲の向上につなげることもできる。

　評価については，第1章総則第3の2の（1）で「学習の過程や成果を評価し，指導の改善や学習意欲の向上を図り，資質・能力の育成に生かすようにすること」と示していることから，指導の改善に生かすという視点が重要である。評価を通して教師が指導の過程や方法について振り返り，より効果的な指導が行えるような工夫や改善を図っていくことが求められる。

①　教員の各活動や行事等の検証改善に生かす評価

　これは，学級活動，生徒会活動及び学校行事の一まとまりの取組に関するPDCAサイクルである。（学級・学校文化を創る特別活動中学校編 R1.9.17 国立教育政策研究所より）学校行事を例に挙げれば次のようなサイクルとなる。

・学校行事の目標に従い，行事の具体的な目標を設定し，行事計画を作成する（P）。
・事前準備や活動を行い，当日の学校行事を実施する（D）。
・事後の活動として，「学校行事カード」などを活用して，生徒の自己評価を含めた振り返りを行う。また，教員にも目標に準拠した点検アンケートを実施する。生徒の評価と教員のアンケートの集計に基づき，生徒が身に付けた資質・能力，集団や人間関係の変化などについて分析を行い，目標の達成度を判断する（C）。

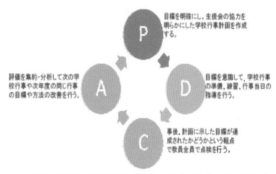

「教員の各活動や行事等の検証改善サイクル（PDCA）」（例：学校行事）

・前の行事の評価を基に，次の行事の目標や手立ての改善を図る（A）。

　このサイクルは，例えば，体育祭の点検が次の合唱コンクールの計画に生かされることもあれば，体育祭の点検が翌年の体育祭の改善にも生かされるということもある。

②　年間を通した教育課程の検証改善のサイクル（PDCA）

　教育課程として，特別活動の全体計画に従って，1年間の学級活動，生徒会活動，学校行事を実施するが，各活動と学校行事は，それぞれ密接に関連している。生徒会活動の内容の一つである「学校行事への協力」だけをとってみても，学級活動で話し合う内容もあれば，生徒会活動として「生徒会役員会」や「各種委員会」で話し合うこともある。つまり，学校行事がどのような計画の下で行われるかが，生徒の活動場面に大きな影響を与える。

　そこで，次のような特別活動の全体計画及び年間指導計画そのものの検証改善サイクルが重要となる。

・教育計画の一環としての特別活動全体計画及び各活動と学校行事の年間指導計画を作成する（P）。
・年間指導計画に従い，各活動及び学校行事を実施する（D）。
・教育課程評価の一環として，特別活動の評価を行う。その際，「学校が示した目標の有効性」「各活動と学校行事それぞれの実施状況」「各活動及び学校行事相互の関連の在り方」「生徒の変容」「集団の変容」「学習評価」などについて，その成果と課題を明らかにする（C）。
・次年度の教育計画には，前の段階（C）の結果を十分に考慮し，改善を図る（A）。

巻末資料

評価規準，評価方法等の工夫改善に関する調査研究について

平成 31 年 2 月 4 日　国立教育政策研究所長裁定
平成 31 年 4 月 12 日　一　　部　　改　　正

1　趣　旨

学習評価については，中央教育審議会初等中等教育分科会教育課程部会において「児童生徒の学習評価の在り方について」（平成 31 年 1 月 21 日）の報告がまとめられ，新しい学習指導要領に対応した，各教科等の評価の観点及び評価の観点に関する考え方が示されたところである。

これを踏まえ，各小学校，中学校及び高等学校における児童生徒の学習の効果的，効率的な評価に資するため，教科等ごとに，評価規準，評価方法等の工夫改善に関する調査研究を行う。

2　調査研究事項

（1）評価規準及び当該規準を用いた評価方法に関する参考資料の作成
（2）学校における学習評価に関する取組についての情報収集
（3）上記（1）及び（2）に関連する事項

3　実施方法

調査研究に当たっては，教科等ごとに教育委員会関係者，教師及び学識経験者等を協力者として委嘱し，2の事項について調査研究を行う。

4　庶　務

この調査研究にかかる庶務は，教育課程研究センターにおいて処理する。

5　実施期間

平成 31 年 4 月 19 日～令和 2 年 3 月 31 日

巻末
資料

評価規準，評価方法等の工夫改善に関する調査研究協力者（五十音順）

（職名は平成 31 年 4 月現在）

安斎　陽子	川崎市教育委員会指導主事	
京免　徹雄	筑波大学助教	
工藤　真以	岩手大学教育学部附属中学校教諭	
佐藤　　学	東京都足立区教育委員会指導主事	
立石　慎治	国立教育政策研究所生徒指導・進路指導研究センター主任研究官	
渡邉　正俊	沖縄県北中城村立北中城中学校教諭	

国立教育政策研究所においては，次の関係官が担当した。

長田　　徹	国立教育政策研究所教育課程研究センター研究開発部教育課程調査官
	国立教育政策研究所生徒指導・進路指導研究センター総括研究官

この他，本書編集の全般にわたり，国立教育政策研究所において以下の者が担当した。

笹井　弘之	国立教育政策研究所教育課程研究センター長
清水　正樹	国立教育政策研究所教育課程研究センター研究開発部副部長
髙井　　修	国立教育政策研究所教育課程研究センター研究開発部研究開発課長
高橋　友之	国立教育政策研究所教育課程研究センター研究開発部研究開発課指導係長
奥田　正幸	国立教育政策研究所教育課程研究センター研究開発部研究開発課指導係専門職
森　　孝博	国立教育政策研究所教育課程研究センター研究開発部教育課程調査官

巻末
資料

学習指導要領等関係資料について

　学習指導要領等の関係資料は以下のとおりです。いずれも，文部科学省や国立教育政策研究所のウェブサイトから閲覧が可能です。スマートフォンなどで閲覧する際は，以下の二次元コードを読み取って，資料に直接アクセスする事が可能です。本書と合わせて是非ご覧ください。

① 学習指導要領、学習指導要領解説　等
② 中央教育審議会答申「幼稚園、小学校、中学校、高等学校及び特別支援学校の学習指導要領等の改善及び必要な方策等について」(平成28年12月21日)
③ 中央教育審議会初等中等教育分科会教育課程部会報告「児童生徒の学習評価の在り方について」(平成31年1月21日)
④ 小学校，中学校，高等学校及び特別支援学校等における児童生徒の学習評価及び指導要録の改善等について(平成31年3月29日30文科初第1845号初等中等教育局長通知)
　　　　　　　　　　　　　　　　※各教科等の評価の観点等及びその趣旨や指導要録(参考様式)は，同通知に掲載。
⑤ 学習評価の在り方ハンドブック(小・中学校編)(令和元年6月)
⑥ 学習評価の在り方ハンドブック(高等学校編)(令和元年6月)
⑦ 平成29年改訂の小・中学校学習指導要領に関するQ&A
⑧ 平成30年改訂の高等学校学習指導要領に関するQ&A
⑨ 平成29・30年改訂の学習指導要領下における学習評価に関するQ&A

①　②　③
④　⑤　⑥
⑦　⑧　⑨

巻末資料

学習評価の
在り方
ハンドブック

小・中学校編

P2　学習指導要領　学習指導要領解説

P4　学習評価の基本的な考え方

P6　学習評価の基本構造

P7　特別の教科 道徳, 外国語活動, 総合的な学習の時間及び特別活動の評価について

P8　観点別学習状況の評価について

P10　学習評価の充実

P12　Q&A　－先生方の質問にお答えします－

文部科学省　国立教育政策研究所教育課程研究センター

学 習 指 導 要 領

学習指導要領とは, 国が定めた「教育課程の基準」です。

（学校教育法施行規則第52条, 74条,84条及び129条等より）

■学習指導要領の構成

〈小学校の例〉

前文
第1章　総則
第2章　各教科
　　　　第1節　　　国語
　　　　第2節　　　社会
　　　　第3節　　　算数
　　　　第4節　　　理科
　　　　第5節　　　生活
　　　　第6節　　　音楽
　　　　第7節　　　図画工作
　　　　第8節　　　家庭
　　　　第9節　　　体育
　　　　第10節　　外国語
第3章　特別の教科 道徳
第4章　外国語活動
第5章　総合的な学習の時間
第6章　特別活動

総則は, 以下の項目で整理され,
全ての教科等に共通する事項が記載されています。

- ● 第1　小学校教育の基本と教育課程の役割
- ● 第2　教育課程の編成
- ● 第3　教育課程の実施と学習評価
- ● 第4　児童の発達の支援
- ● 第5　学校運営上の留意事項
- ● 第6　道徳教育に関する配慮事項

> 学習評価の
> 実施に当たっての
> 配慮事項

各教科等の目標, 内容等が記載されています。

（例）第1節　国語

- ● 第1　目標
- ● 第2　各学年の目標及び内容
- ● 第3　指導計画の作成と内容の取扱い

　平成29年改訂学習指導要領の各教科等の目標や内容は,
教育課程全体を通して育成を目指す資質・能力の三つの柱に
基づいて再整理されています。

ア　何を理解しているか, 何ができるか
　　（生きて働く「知識・技能」の習得）
イ　理解していること・できることをどう使うか（未知の状況にも
　　対応できる「思考力・判断力・表現力等」の育成）
ウ　どのように社会・世界と関わり, よりよい人生を送るか
　　（学びを人生や社会に生かそうとする「学びに向かう力・
　　人間性等」の涵養）

平成29年改訂「小学校学習指導要領」より
※中学校もおおむね同様の構成です。

詳しくは, 文部科学省Webページ「学習指導要領のくわしい内容」をご覧ください。
(http://www.mext.go.jp/a_menu/shotou/new-cs/1383986.htm)

学習指導要領解説

　学習指導要領解説とは，大綱的な基準である学習指導要領の記述の意味や解釈などの詳細について説明するために，文部科学省が作成したものです。

■学習指導要領解説の構成
〈小学校 国語編の例〉

● 第1章　総説
　　　1　改訂の経緯及び基本方針
　　　2　国語科の改訂の趣旨及び要点

> 総説
> 改訂の経緯及び
> 基本方針

● 第2章　国語科の目標及び内容
　第1節　国語科の目標
　　　1　教科の目標
　　　2　学年の目標
　第2節　国語科の内容
　　　1　内容の構成
　　　2　〔知識及び技能〕の内容
　　　3　〔思考力，判断力，表現力等〕の内容

● 第3章　各学年の内容
　第1節　第1学年及び第2学年の内容
　　　1　〔知識及び技能〕
　　　2　〔思考力，判断力，表現力等〕
　第2節　第3学年及び第4学年の内容
　　　1　〔知識及び技能〕
　　　2　〔思考力，判断力，表現力等〕
　第3節　第5学年及び第6学年の内容
　　　1　〔知識及び技能〕
　　　2　〔思考力，判断力，表現力等〕

● 第4章　指導計画の作成と内容の取扱い
　　　1　指導計画作成上の配慮事項
　　　2　内容の取扱いについての配慮事項
　　　3　教材についての配慮事項

> 指導計画作成や
> 内容の取扱いに係る配慮事項

● 付録
　　付録1：学校教育施行規則（抄）
　　付録2：小学校学習指導要領　第1章　総則
　　付録3：小学校学習指導要領　第2章　第1節　国語
　　付録4：教科の目標，各学年の目標及び内容の系統表
　　　　　　（小・中学校国語科）
　　付録5：中学校学習指導要領　第2章　第1節　国語
　　付録6：小学校学習指導要領　第2章　第10節　外国語
　　付録7：小学校学習指導要領　第4章　外国語活動
　　付録8：小学校学習指導要領　第3章　特別の教科　道徳
　　付録9：「道徳の内容」の学年段階・学校段階の一覧表
　　付録10：幼稚園教育要領

> 教科等の目標
> 及び内容の概要

> 参考
> （系統性等）

> 学年や
> 分野ごとの内容

「小学校学習指導要領解説 国語編」より
※中学校もおおむね同様の構成です。「総則編」，「総合的な学習の時間編」及び「特別活動編」は異なった構成となっています。

教師は，学習指導要領で定めた資質・能力が，児童生徒に確実に育成されているかを評価します

学習評価の基本的な考え方

　学習評価は，学校における教育活動に関し，児童生徒の学習状況を評価するものです。「児童生徒にどういった力が身に付いたか」という学習の成果を的確に捉え，**教師が指導の改善を図る**とともに，**児童生徒自身が自らの学習を振り返って次の学習に向かうことができるようにする**ためにも，学習評価の在り方は重要であり，教育課程や学習・指導方法の改善と一貫性のある取組を進めることが求められます。

▌カリキュラム・マネジメントの一環としての指導と評価

　各学校は，日々の授業の下で児童生徒の学習状況を評価し，その結果を児童生徒の学習や教師による指導の改善や学校全体としての教育課程の改善，校務分掌を含めた組織運営等の改善に生かす中で，学校全体として組織的かつ計画的に教育活動の質の向上を図っています。

　このように，「学習指導」と「学習評価」は学校の教育活動の根幹であり，教育課程に基づいて組織的かつ計画的に教育活動の質の向上を図る「カリキュラム・マネジメント」の中核的な役割を担っています。

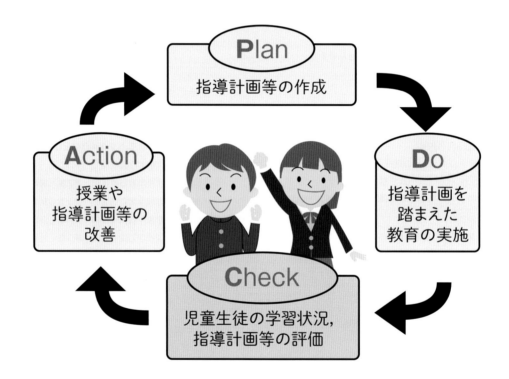

▌主体的・対話的で深い学びの視点からの授業改善と評価

　指導と評価の一体化を図るためには，児童生徒一人一人の学習の成立を促すための評価という視点を一層重視することによって，教師が自らの指導のねらいに応じて授業の中での児童生徒の学びを振り返り，学習や指導の改善に生かしていくというサイクルが大切です。平成29年改訂学習指導要領で重視している「主体的・対話的で深い学び」の視点からの授業改善を通して，各教科等における資質・能力を確実に育成する上で，学習評価は重要な役割を担っています。

次の授業では〇〇を重点的に指導しよう。

〇〇のところはもっと～した方がよいですね。

黒板:

☑ 教師の指導改善に
つながるものにしていくこと

☑ 児童生徒の学習改善に
つながるものにしていくこと

☑ これまで慣行として行われてきたことでも，
必要性・妥当性が認められないものは
見直していくこと

詳しくは，平成31年3月29日文部科学省初等中等教育局長通知「小学校,中学校,高等学校及び特別支援学校等における児童生徒の学習評価及び指導要録の改善等について（通知）」をご覧ください。
(http://www.mext.go.jp/b_menu/hakusho/nc/1415169.htm)

 コラム

評価に戸惑う児童生徒の声

「先生によって観点の重みが違うんです。授業態度をとても重視する先生もいるし，テストだけで判断するという先生もいます。そうすると，どう努力していけばよいのか本当に分かりにくいんです。」（中央教育審議会初等中等教育分科会教育課程部会 児童生徒の学習評価に関するワーキンググループ第7回における高等学校3年生の意見より）

あくまでこれは一部の意見ですが，学習評価に対する児童生徒のこうした意見には，適切な評価を求める切実な思いが込められています。そのような児童生徒の声に応えるためにも，教師は，児童生徒への学習状況のフィードバックや，授業改善に生かすという評価の機能を一層充実させる必要があります。教師と児童生徒が共に納得する学習評価を行うためには，評価規準を適切に設定し，評価の規準や方法について，教師と児童生徒及び保護者で共通理解を図るガイダンス的な機能と，児童生徒の自己評価と教師の評価を結び付けていくカウンセリング的な機能を充実させていくことが重要です。

Column

学習評価の基本構造

　平成29年改訂で, 学習指導要領の目標及び内容が資質・能力の三つの柱で再整理されたことを踏まえ, 各教科における観点別学習状況の評価の観点については, 「知識・技能」, 「思考・判断・表現」, 「主体的に学習に取り組む態度」の3観点に整理されています。

「学びに向かう力, 人間性等」には
①「主体的に学習に取り組む態度」として観点別評価（学習状況を分析的に捉える）を通じて見取ることができる部分と,
②観点別評価や評定にはなじまず, こうした評価では示しきれないことから個人内評価を通じて見取る部分があります。

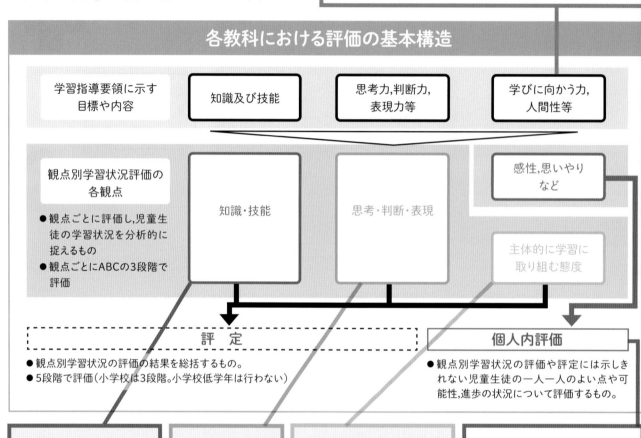

各教科における評価の基本構造

| 学習指導要領に示す目標や内容 | 知識及び技能 | 思考力,判断力,表現力等 | 学びに向かう力,人間性等 |

観点別学習状況評価の各観点
● 観点ごとに評価し,児童生徒の学習状況を分析的に捉えるもの
● 観点ごとにABCの3段階で評価

| 知識・技能 | 思考・判断・表現 | 感性,思いやりなど |
| | | 主体的に学習に取り組む態度 |

評　定
● 観点別学習状況の評価の結果を総括するもの。
● 5段階で評価（小学校は3段階。小学校低学年は行わない)

個人内評価
● 観点別学習状況の評価や評定には示しきれない児童生徒の一人一人のよい点や可能性,進歩の状況について評価するもの。

　各教科等における学習の過程を通した知識及び技能の習得状況について評価を行うとともに, それらを既有の知識及び技能と関連付けたり活用したりする中で, 他の学習や生活の場面でも活用できる程度に概念等を理解したり, 技能を習得したりしているかを評価します。

　各教科等の知識及び技能を活用して課題を解決する等のために必要な思考力, 判断力, 表現力等を身に付けているかどうかを評価します。

　知識及び技能を獲得したり, 思考力, 判断力, 表現力等を身に付けたりするために, 自らの学習状況を把握し, 学習の進め方について試行錯誤するなど自らの学習を調整しながら, 学ぼうとしているかどうかという意思的な側面を評価します。

　個人内評価の対象となるものについては, 児童生徒が学習したことの意義や価値を実感できるよう, 日々の教育活動等の中で児童生徒に伝えることが重要です。特に, 「学びに向かう力,人間性等」のうち「感性や思いやり」など児童生徒一人一人のよい点や可能性,進歩の状況などを積極的に評価し児童生徒に伝えることが重要です。

　詳しくは, 平成31年1月21日文部科学省中央教育審議会初等中等教育分科会教育課程部会「児童生徒の学習評価の在り方について（報告)」をご覧ください。
（http://www.mext.go.jp/b_menu/shingi/chukyo/chukyo3/004/gaiyou/1412933.htm)

特別の教科 道徳, 外国語活動, 総合的な学習の時間及び特別活動の評価について

　特別の教科 道徳, 外国語活動(小学校のみ), 総合的な学習の時間, 特別活動についても, 学習指導要領で示したそれぞれの目標や特質に応じ, 適切に評価します。なお, 道徳科の評価は, 入学者選抜の合否判定に活用することのないようにする必要があります。

特別の教科 道徳(道徳科)

　児童生徒の人格そのものに働きかけ, 道徳性を養うことを目標とする道徳科の評価としては, 観点別評価は妥当ではありません。授業において児童生徒に考えさせることを明確にして, 「道徳的諸価値についての理解を基に, 自己を見つめ, 物事を(広い視野から)多面的・多角的に考え, 自己の(人間としての)生き方についての考えを深める」という学習活動における児童生徒の具体的な取組状況を, 一定のまとまりの中で, 児童生徒が学習の見通しを立てたり学習したことを振り返ったりする活動を適切に設定しつつ, 学習活動全体を通して見取ります。

外国語活動(小学校のみ)

　評価の観点については, 学習指導要領に示す「第1目標」を踏まえ, 右の表を参考に設定することとしています。この3つの観点に則して児童の学習状況を見取ります。

知識・技能	思考・判断・表現	主体的に学習に取り組む態度
● 外国語を通して, 言語や文化について体験的に理解を深めている。 ● 日本語と外国語の音声の違い等に気付いている。 ● 外国語の音声や基本的な表現に慣れ親しんでいる。	身近で簡単な事柄について, 外国語で聞いたり話したりして自分の考えや気持ちなどを伝え合っている。	外国語を通して, 言語やその背景にある文化に対する理解を深め, 相手に配慮しながら, 主体的に外国語を用いてコミュニケーションを図ろうとしている。

総合的な学習の時間

　評価の観点については, 学習指導要領に示す「第1目標」を踏まえ, 各学校において具体的に定めた目標, 内容に基づいて, 右の表を参考に定めることとしています。この3つの観点に則して児童生徒の学習状況を見取ります。

知識・技能	思考・判断・表現	主体的に学習に取り組む態度
探究的な学習の過程において, 課題の解決に必要な知識や技能を身に付け, 課題に関わる概念を形成し, 探究的な学習のよさを理解している。	実社会や実生活の中から問いを見いだし, 自分で課題を立て, 情報を集め, 整理・分析して, まとめ・表現している。	探究的な学習に主体的・協働的に取り組もうとしているとともに, 互いのよさを生かしながら, 積極的に社会に参画しようとしている。

特別活動

　特別活動の特質と学校の創意工夫を生かすということから, 設置者ではなく, 各学校が評価の観点を定めることとしています。その際, 学習指導要領に示す特別活動の目標や学校として重点化した内容を踏まえ, 例えば以下のように, 具体的に観点を示すことが考えられます。

特別活動の記録								
内容	観点　　　学年	1	2	3	4	5	6	
学級活動	よりよい生活を築くための知識 技能	○		○	○	○		
児童会活動	集団や社会の形成者としての思考・判断・表現		○	○		○		
クラブ活動	主体的に生活や人間関係をよりよくしようとする態度					○		
学校行事			○		○	○		

　各学校で定めた観点を記入した上で, 内容ごとに, 十分満足できる状況にあると判断される場合に, ○印を記入します。

　○印をつけた具体的な活動の状況等については, 「総合所見及び指導上参考となる諸事項」の欄に簡潔に記述することで, 評価の根拠を記録に残すことができます。

小学校児童指導要録(参考様式)様式2の記入例(5年生の例)

　なお, 特別活動は学級担任以外の教師が指導する活動が多いことから, 評価体制を確立し, 共通理解を図って, 児童生徒のよさや可能性を多面的・総合的に評価するとともに, 確実に資質・能力が育成されるよう指導の改善に生かすことが求められます。

観点別学習状況の評価について

　観点別学習状況の評価とは，学習指導要領に示す目標に照らして，その実現状況がどのようなものであるかを，観点ごとに評価し，児童生徒の学習状況を分析的に捉えるものです。

■「知識・技能」の評価の方法

　「知識・技能」の評価の考え方は，従前の評価の観点である「知識・理解」，「技能」においても重視してきたところです。具体的な評価方法としては，例えばペーパーテストにおいて，事実的な知識の習得を問う問題と，知識の概念的な理解を問う問題とのバランスに配慮するなどの工夫改善を図る等が考えられます。また，児童生徒が文章による説明をしたり，各教科等の内容の特質に応じて，観察・実験をしたり，式やグラフで表現したりするなど実際に知識や技能を用いる場面を設けるなど，多様な方法を適切に取り入れていくこと等も考えられます。

■「思考・判断・表現」の評価の方法

　「思考・判断・表現」の評価の考え方は，従前の評価の観点である「思考・判断・表現」においても重視してきたところです。具体的な評価方法としては，ペーパーテストのみならず，論述やレポートの作成，発表，グループや学級における話合い，作品の制作や表現等の多様な活動を取り入れたり，それらを集めたポートフォリオを活用したりするなど評価方法を工夫することが考えられます。

■「主体的に学習に取り組む態度」の評価の方法

　具体的な評価方法としては，ノートやレポート等における記述，授業中の発言，教師による行動観察や，児童生徒による自己評価や相互評価等の状況を教師が評価を行う際に考慮する材料の一つとして用いることなどが考えられます。その際，各教科等の特質に応じて，児童生徒の発達の段階や一人一人の個性を十分に考慮しながら，「知識・技能」や「思考・判断・表現」の観点の状況を踏まえた上で，評価を行う必要があります。

「主体的に学習に取り組む態度」の評価のイメージ

○「主体的に学習に取り組む態度」の評価については，①知識及び技能を獲得したり，思考力，判断力，表現力等を身に付けたりすることに向けた粘り強い取組を行おうとする側面と，②①の粘り強い取組を行う中で，自らの学習を調整しようとする側面，という二つの側面から評価することが求められる。

○これら①②の姿は実際の教科等の学びの中では別々ではなく相互に関わり合いながら立ち現れるものと考えられる。例えば，自らの学習を全く調整しようとせず粘り強く取り組み続ける姿や，粘り強さが全くない中で自らの学習を調整する姿は一般的ではない。

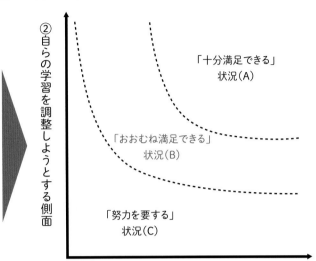

②自らの学習を調整しようとする側面

「十分満足できる」状況(A)

「おおむね満足できる」状況(B)

「努力を要する」状況(C)

①粘り強い取組を行おうとする側面

ここでの評価は，その学習の調整が「適切に行われるか」を必ずしも判断するものではなく，学習の調整が知識及び技能の習得などに結びついていない場合には，教師が学習の進め方を適切に指導することが求められます。

「自らの学習を調整しようとする側面」とは…

自らの学習状況を把握し，学習の進め方について試行錯誤するなどの意思的な側面のことです。評価に当たっては，児童生徒が自らの理解の状況を振り返ることができるような発問の工夫をしたり，自らの考えを記述したり話し合ったりする場面，他者との協働を通じて自らの考えを相対化する場面を，単元や題材などの内容のまとまりの中で設けたりするなど，「主体的・対話的で深い学び」の視点からの授業改善を図る中で，適切に評価できるようにしていくことが重要です。

「主体的に学習に取り組む態度」は，「関心・意欲・態度」と同じ趣旨ですが…
～こんなことで評価をしていませんでしたか？～

平成31年1月21日文部科学省中央教育審議会初等中等教育分科会教育課程部会「児童生徒の学習評価の在り方について(報告)」では，学習評価について指摘されている課題として，「関心・意欲・態度」の観点について「学校や教師の状況によっては，挙手の回数や毎時間ノートを取っているかなど，性格や行動面の傾向が一時的に表出された場面を捉える評価であるような誤解が払拭し切れていない」ということが指摘されました。これを受け，従来から重視されてきた各教科等の学習内容に関心をもつことのみならず，よりよく学ぼうとする意欲をもって学習に取り組む態度を評価するという趣旨が改めて強調されました。

Column

学習評価の充実

学習評価の妥当性，信頼性を高める工夫の例

- 評価規準や評価方法について，事前に教師同士で検討するなどして明確にすること，評価に関する実践事例を蓄積し共有していくこと，評価結果についての検討を通じて評価に係る教師の力量の向上を図ることなど，学校として組織的かつ計画的に取り組む。
- 学校が児童生徒や保護者に対し，評価に関する仕組みについて事前に説明したり，評価結果について丁寧に説明したりするなど，評価に関する情報をより積極的に提供し児童生徒や保護者の理解を図る。

評価時期の工夫の例

- 日々の授業の中では児童生徒の学習状況を把握して指導に生かすことに重点を置きつつ，各教科における「知識・技能」及び「思考・判断・表現」の評価の記録については，原則として単元や題材などのまとまりごとに，それぞれの実現状況が把握できる段階で評価を行う。
- 学習指導要領に定められた各教科等の目標や内容の特質に照らして，複数の単元や題材などにわたって長期的な視点で評価することを可能とする。

学年や学校間の円滑な接続を図る工夫の例

- 「キャリア・パスポート」を活用し，児童生徒の学びをつなげることができるようにする。
- 小学校段階においては，幼児期の教育との接続を意識した「スタートカリキュラム」を一層充実させる。
- 高等学校段階においては，入学者選抜の方針や選抜方法の組合せ，調査書の利用方法，学力検査の内容等について見直しを図ることが考えられる。

評価方法の工夫の例

全国学力・学習状況調査
(問題や授業アイディア例)を参考にした例

　平成19年度より毎年行われている全国学力・学習状況調査では,知識及び技能等を実生活の様々な場面に活用する力や,様々な課題解決のための構想を立て実践し評価・改善する力などに関わる内容の問題が出題されています。

　全国学力・学習状況調査の解説資料や報告書,授業アイディア例を参考にテストを作成したり,授業を工夫したりすることもできます。

　詳しくは,国立教育政策研究所Webページ「全国学力・学習状況調査」をご覧ください。
(http://www.nier.go.jp/kaihatsu/zenkokugakuryoku.html)

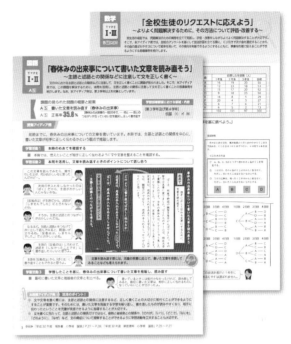

授業アイディア例

コラム　　評価の方法の共有で働き方改革

　ペーパーテスト等のみにとらわれず,一人一人の学びに着目して評価をすることは,教師の負担が増えることのように感じられるかもしれません。しかし,児童生徒の学習評価は教育活動の根幹であり,「カリキュラム・マネジメント」の中核的な役割を担っています。その際,助けとなるのは,教師間の協働と共有です。

　評価の方法やそのためのツールについての悩みを一人で抱えることなく,学校全体や他校との連携の中で,計画や評価ツールの作成を分担するなど,これまで以上に協働と共有を進めれば,教師一人当たりの量的・時間的・精神的な負担の軽減につながります。風通しのよい評価体制を教師間で作っていくことで,評価方法の工夫改善と働き方改革にもつながります。

「指導と評価の一体化の取組状況」

A:学習評価を通じて,学習評価のあり方を見直すことや個に応じた指導の充実を図るなど,指導と評価の一体化に学校全体で取り組んでいる。

B:指導と評価の一体化の取組は,教師個人に任されている。

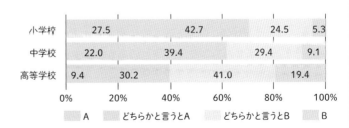

（平成29年度文部科学省委託調査「学習指導と学習評価に対する意識調査」より）

Q&A −先生方の質問にお答えします−

Q1 1回の授業で，3つの観点全てを評価しなければならないのですか。

A. 学習評価については，日々の授業の中で児童生徒の学習状況を適宜把握して指導の改善に生かすことに重点を置くことが重要です。したがって観点別学習状況の評価の記録に用いる評価については，毎回の授業ではなく原則として単元や題材などの内容や時間のまとまりごとに，それぞれの実現状況を把握できる段階で行うなど，その場面を精選することが重要です。

Q2 「十分満足できる」状況（A）はどのように判断したらよいのですか。

A. 各教科において「十分満足できる」状況（A）と判断するのは，評価規準に照らし，児童生徒が実現している学習の状況が質的な高まりや深まりをもっていると判断される場合です。「十分満足できる」状況（A）と判断できる児童生徒の姿は多様に想定されるので，学年会や教科部会等で情報を共有することが重要です。

Q3 指導要録の文章記述欄が多く，かなりの時間を要している現状を解決できませんか。

A. 本来，学習評価は日常の指導の場面で，児童生徒本人へフィードバックを行う機会を充実させるとともに，通知表や面談などの機会を通して，保護者との間でも評価に関する情報共有を充実させることが重要です。このため，指導要録における文章記述欄については，例えば，「総合所見及び指導上参考となる諸事項」については，要点を箇条書きとするなど，必要最小限のものとなるようにしました。また，小学校第3学年及び第4学年における外国語活動については，記述欄を簡素化した上で，評価の観点に即して，児童の学習状況に顕著な事項がある場合などにその特徴を記入することとしました。

Q4 評定以外の学習評価についても保護者の理解を得るにはどのようにすればよいのでしょうか。

A. 保護者説明会等において，学習評価に関する説明を行うことが効果的です。各教科等における成果や課題を明らかにする「観点別学習状況の評価」と，教育課程全体を見渡した学習状況を把握することが可能な「評定」について，それぞれの利点や，上級学校への入学者選抜に係る調査書のねらいや活用状況を明らかにすることは，保護者との共通理解の下で児童生徒への指導を行っていくことにつながります。

Q5 障害のある児童生徒の学習評価について，どのようなことに配慮すべきですか。

A. 学習評価に関する基本的な考え方は，障害のある児童生徒の学習評価についても変わるものではありません。このため，障害のある児童生徒については，特別支援学校等の助言または援助を活用しつつ，個々の児童生徒の障害の状態等に応じた指導内容や指導方法の工夫を行い，その評価を適切に行うことが必要です。また，指導要録の通級による指導に関して記載すべき事項が個別の指導計画に記載されている場合には，その写しをもって指導要録への記入に替えることも可能としました。

NIER

文部科学省
国立教育政策研究所
National Institute for Educational Policy Research

令和元年6月
文部科学省　国立教育政策研究所教育課程研究センター
〒100-8951 東京都千代田区霞が関3丁目2番2号　TEL 03-6733-6833（代表）

「指導と評価の一体化」のための
学習評価に関する参考資料
【中学校　特別活動】

令和 2 年 6 月 27 日　　　　初版発行
令和 5 年 7 月 7 日　　　　　7 版発行

著作権所有　　　　　　　国立教育政策研究所
　　　　　　　　　　　　教育課程研究センター

発 行 者　　　　　　　　東京都千代田区神田錦町 2 丁目 9 番 1 号
　　　　　　　　　　　　コンフォール安田ビル 2 階
　　　　　　　　　　　　株式会社　東洋館出版社
　　　　　　　　　　　　代表者　錦織　圭之介

印 刷 者　　　　　　　　大阪市住之江区中加賀屋 4 丁目 2 番 10 号
　　　　　　　　　　　　岩岡印刷株式会社

発 行 所　　　　　　　　東京都千代田区神田錦町 2 丁目 9 番 1 号
　　　　　　　　　　　　コンフォール安田ビル 2 階
　　　　　　　　　　　　株式会社　東洋館出版社
　　　　　　　　　　　　電話　03-6778-7278

ISBN978-4-491-04141-4　　　　　　定価：本体 800 円
　　　　　　　　　　　　　　　　（税込 880 円）税 10%